KB194569

코르트 버흐립

*Kort Begrip*

세움북스 는 기독교 가치관으로 교회와 성도를 건강하게 세우는 바른 책을 만들어 갑니다.

세움클래식 07

코르트 버흐립 : 간추린 하이델베르크 요리문답
*Kort Begrip*

**초판 1쇄 발행** 2021년 9월 30일
**초판 3쇄 발행** 2023년 1월 20일

**지은이** | 정찬도 문지환
**펴낸이** | 강인구

**펴낸곳** | 세움북스
**등  록** | 제2014-000144호
**주  소** | 서울시 종로구 대학로 19 한국기독교회관 1010호
**전  화** | 02-3144-3500
**이메일** | cdgn@daum.net

**교  정** | 류성민
**디자인** | 참디자인

**ISBN** 979-11-91715-08-8 (03230)

세움
클래식
0 7

# 1608

# 코르트
# 버흐립

### 간추린 하이델베르크 요리문답

정찬도 · 문지환 공저

세움북스

예수를 믿은 세월이 꽤 되었으면서도 기독교 신앙에 입각해 자기 삶과 세상을 해석하기 어려워하는 사람들이 많습니다. 이런 분들은 한결같이 신앙 지식이 파편화되어 자신이 믿고 있는 바가 정확히 무엇인지 잘 모르거나, 자신의 언어로 기독교 신앙을 설명하기 어려워합니다. 이런 고민이 있는 분들께 이 책을 추천하고 싶습니다. 저자는 간결하고 분명하게 기독교 신앙의 진수를 해설하고 있습니다. 진지하게 이 책을 읽은 사람이라면, 누구나 책을 덮을 즈음 기독교 신앙의 본질을 선명하게 이해하는 자리에 설 수 있을 것입니다.

**김관성** _ 행신침례교회 담임 목사, 『본질이 이긴다』 저자

이 책의 저자들을 처음으로 알게 된 것은 초등학생을 대상으로 한 교리 수련회였습니다. 정찬도 목사님과 문지환 목사님은 성인이 듣기에도 어려운 주제를 초등학생에게 알기 쉽게, 찬찬히 설명해 주셨습니다. 그 이후로도 여러 번 두 분의 글과 강의를 통해서 적잖은 도움을 받았습니다. 그러던 차에 간추린 하이델베르크 요리문답 해설서를 출간하신다는 소식을

듣고, 기쁜 마음으로 원고를 읽어 보았습니다. 두 분은 오랫동안 목회 현장에서 다음 세대를 가르친 경험자답게, 하이델베르크 요리문답의 주제들을, 누구나 이해할 수 있도록 쉽게 풀어서 설명해 주셨습니다.

흔히 하이델베르크 요리문답을 개혁 교회가 낳은 최고의 신앙고백서라고 말합니다. 당시 백여 개가 넘는 신앙고백서가 작성되었는데, 그 중에서 가장 사랑을 받으며, 가장 널리 사용된 신앙고백서가 하이델베르크 요리문답이기 때문입니다. 이 책《코르트 버흐립》은 일반적인 해설서가 아닙니다. 코르트 버흐립은 다음 세대를 위한 해설서입니다.

그래서 이 책에는 다음과 같은 특징이 있습니다. 첫째, 하이델베르크 요리문답을 정확하게 요약하고 있습니다. 둘째, 하이델베르크 요리문답을 간략하게 해설하고 있습니다. 셋째, 분량이 작으므로 쉽게 암송할 수 있습니다. 넷째, 바쁜 현대인들이 가정 예배 교재로 사용하기에 적당합니다. 부디 이 책을 통해 다음 세대가 바른 교리를 배우고, 하나님의 일꾼으로 성장하기를 소망해 봅니다.

**김태희** _ 명덕교회 부목사, 『성도를 위한 365 통독주석』,
『로마서와 함께 하는 365 가정예배』 저자

우리에게 진정한 위로는 어디서 오나. 하이델베르크 요리문답보다 더 탁월하게 그 위로가 솟아나는 진리의 샘으로 인도하는 신앙고백서는 없을 것입니다. 그래서 오랜 세월 수많은 사람들에게 이 신조가 사랑받아 왔는데, 오늘날 교리를 어려워하는 세대들도 신앙의 선진들이 마셨던 동일한 샘에서 구원의 생수를 마실 수 있도록 이번에 그 요약본이 나왔습니다. 이미 17세기에 도르트레흐트 총회에서 하이델베르크 요리문답의 광범위한 내용을 소화하기 힘든 이들을 위해 사용하도록 권장한 것인데 이번에 정찬도 목사가 심혈을 기울여 번역하여 우리에게 선보였습니다. 그리고 그 탁월성과 유익, 문답의 구조, 각 문답에서 제기될 수 있는 의문을 센스 있게 답하는 문지환 목사의 간명한 해설이 내용을 한층 더 이해하기 쉽게 해 주고 있습니다. 새 신자와 청소년들뿐 아니라 기존 교인들에게도 신앙의 기초를 다지는 데 큰 도움이 될 것입니다.

**박영돈** _ 작은목자들교회 담임목사, 고려신학대학원 교의학 명예교수

한국 장로교회는 영미 장로교회의 정치 원리를 따르면서, 신학적으로는 칼빈주의 혹은 개혁주의를 지향하고 있습니다. 즉, 한국 장로교회는 1640년대 영국에서 만들어진 장로교회 표준 문서들인 웨스트민스터 신앙고백서와 대·소교리문답에 칼빈주의 신학의 정수가 요약적으로 담겨있다고 할 뿐만 아니라, 그보다 앞서 대륙의 개혁 교회가 초안하고 공표하여 표준 문서로 삼고 있던 '일치를 위한 3대 신앙고백 문서들(Drie formulieren van enigheid 즉, 〈네덜란드 신앙고백〉[1561], 〈하이델베르크 요리문답〉[1563], 그리고 〈도르트 신경〉[1619] 등)'과도 신학적 동질성을 가지고 있다고 대내외적

으로 천명한 바 있습니다.

분주하고 복잡한 21세기 한국 그리스도인들에게 우리가 믿는 신앙의 요목을 설명해 주는 데는 연속 강해 설교와 더불어 이러한 신앙고백 문서들을 활용한 교리 교육이 매우 중요하고 효과적이라고 생각합니다. 따라서 십여 년 사이 한국 교계에 교리 교육에 대한 양서들이 많이 출간되고, 이에 대해 교역자들과 신자들의 관심이 고양되어온 것에 대해 조직신학 교수로서 무척 기쁘게 생각합니다.

평소에 독창적인 출판 아이디어들을 다면적으로 보여 주고 있는 세움북스가 이러한 신앙고백 문서들 혹은 교리 교육과 관련하여 많은 양서를 출간해 왔습니다. 그런데 이번에도 초신자들이나 입문자들을 위해 하이델베르크 요리문답의 핵심을 요약한 《코르트 버흐립》을 번역 출간하게 되어, 이를 매우 환영하며 공저한 정찬도 목사와 문지환 목사의 수고에 감사를 드립니다.

본서에는 《코르트 버흐립》만 담긴 것이 아니라, 성경 증거 구절, 하이델베르크 요리문답, 네덜란드 신앙고백, 도르트 신경 등도 모두 수록되어 있기 때문에 개혁주의 신앙 고백 문서들과의 대조 학습도 충분히 가능하게 되어 있습니다. 성경적이고 개혁주의적인 믿음의 내용을 확실하게 배우고 익히기에 더할 나위 없는 좋은 자료이기에 독자들에게 권독하는 바입니다.

**이상웅** _ 총신대학교 신학대학원 조직신학과 교수

대한민국 기독교 출판 역사에서 이런 획기적인 시도가 있었을까요! 원어 발음 그대로를 책 제목으로 선택한 것 말입니다. 한국의 세움북스가 해냈습니다. 《코르트 버흐립》!! 굉장합니다. 출판사의 대담한 시도에 박수를 보냅니다. 이 책의 특징 몇 가지를 살펴보겠습니다.

첫째, 하이델베르크 요리문답도 성경 복음의 요약인데, 《코르트 버흐립》은 요약의 요약본입니다. 복음을 너무 축약한 것은 아닐까? 걱정할 필요 없습니다. 《코르트 버흐립》은 우리의 신앙을 더 풍요롭게 만들어 줄 것입니다.

둘째, 이 책은 하이델베르크 요리문답의 단순 요약이 아닙니다. 요약자의 신학적 배려가 숨어 있습니다. 십계명의 위치가 그렇습니다. 하이델베르크 요리문답은 십계명을 세 번째 부분 '감사'에 배치했는데, 《코르트 버흐립》은 첫 번째 부분 '죄와 비참'에 넣었습니다. 요리문답 작성자들의 고민은 십계명의 두 가지 기능, 즉 '죄를 깨달음'과 '감사의 결과'를 어떻게 배치하느냐였습니다. 《코르트 버흐립》의 시도는 그 균형을 맞추었습니다.

셋째, 하이델베르크 요리문답과 코르트 버흐립의 관계는 '웨스트민스터 대요리문답'과 '소요리문답'의 관계와 닮아 보입니다.

넷째, 《Kort Begrip》은 1608년 미델뷔르흐 교회 당회의 요청에 의해 담임목사 헤르만 파우컬리우스(H. Faukelius)가 만들었는데, 이 책은 그것을 번역한 것입니다. 오리지널의 가치가 있습니다. 1930년에는 케르스턴(G. H. Kersten) 목사에 의해 개정판이 나왔습니다. 케르스턴 목사는 1940년에 짧은 해설서도 출판했습니다. 지금도 네덜란드의 보수적인 개혁 교회에서는 공적 신앙고백(입교) 준비에 이 코르트 버흐립이 애용되고 있습니다.

다섯째, 《코르트 버흐립》은 복음의 보편성을 잘 보여 줍니다. 400여 년 전에 만들어진 문서이지만, 지금의 한국 교회에 소중한 복음의 빛을 밝게 비출 것이라 확신합니다.

마지막으로, 한국에 이 고귀한 영적 보화를 번역해 소개해 준 정찬도 목사에게 진심으로 감사드립니다. 문지환 목사의 짧고 핵심을 터치하는 설명도 참 소중합니다. 귀한 후배들의 교회를 향한 사랑과 헌신에 마냥 고마울 뿐입니다.

**임경근**_다우리교회 담임 목사, 『교리와 함께 하는 365 가정예배』 저자

Contents

차례

네덜란드 유학 시절 현지에서 가장 먼저 구입한 책은 바로 성경과 《개혁교회 핸드북》(Gereformeerd Kerk Boek, Reformed Church Book)이었습니다. 성도들이 주일 예배 때 사용할 찬송(시편, 일반)을 비롯해 신조, 요리문답, 예전, 기도문 그리고 헌법이 담겨 있는 요긴한 책이었습니다. 그중 헌법 바로 앞에 있는 《Kort Begrip》이 눈에 띄었습니다. 'Kort(코르트)'는 요약, 'Begrip(버흐립)'은 개념(이해)이라는 뜻으로, 하이델베르크 요리문답을 간추려 담아 둔 것이었습니다. 비록 총회가 공식적으로 채택한 요리문답은 아니었지만, 하이델베르크 요리문답을 어려워할 만한 새신자들과 청소년에게 유익할 만한 요리문답여서 제법 신선하게 느껴졌습니다.

유학 후 돌아와 세월이 얼마 지나고 개척 교회 목사로 섬기는 지금, 새삼 이 《코르트 버흐립》(Kort Begrip)의 필요성을 느끼고 번역을 하게 되었습니다. 복음이 어색한 새가족, 복음에 인색한 청소년, 복음의 뼈대를 다시 세우고자 하는 많은 성도들에게 유익하리라 확신합니다.

개혁교회 목사들은 하이델베르크 요리문답 해설집 출판하

는 것을 개인의 영광으로 여깁니다. 필자 역시 하이델베르크 요리문답의 요약인 《Kort Begrip》을 번역하고 해설하는 책자를 출판하게 되어 더할 나위 없이 기쁩니다. 하나님께 모든 감사와 영광을 돌리며 한국 교회에 미약하나마 도움이 되길 소망합니다.

**정찬도** _주나움교회 담임 목사

개혁신앙의 소중한 유산인 하이델베르크 요리문답을 공부할 때마다 '따뜻함'을 느낍니다. 어머니가 사랑스러운 자녀에게 속삭이듯 방년의 젊은이를 애정 어리게 교육하는 이 요리문답서가 참 좋습니다. 하지만 기독교 신앙을 처음 접한 초신자나 아직 지성적인 훈련이 여물지 않은 자녀들에게 조금은 어렵게 느껴질 수 있는 부분도 있습니다. 이런 아쉬움을 느끼던 중에 네덜란드 도르트레흐트 총회(Synod of Dordrecht, 1618-1618)가 권장한 《코르트 버흐립》(*Kort Begrip*)이 있다는 소식을 듣고 참 기뻤습니다. 벌써 400년 전 목회자들이 초신자와 언약 자손 교육을 위해 애쓴 흔적을 접하면서, 감사와 동시에 본인의 사역을 돌아보게 되었습니다. 이제 요리문답을 보다 어린 연령, 다양한 계층에 전수할 수 있는 재료를 얻은 것 같습니다. 이 책을 소개하는 일에 있어 정찬도 목사의 수고는 거의 모든 곳에 배어 있습니다. 네덜란드어 원문을 읽고 번역하는 것은 물론, 요리문답(catechism)이 지닌 탁월성과 요점, 그리고 그 필요성을 간략하면서도 핵심적으로 잘 소개하고 있습니다. 그런 요리문답에 제가 덧붙인 짧은 구조 설명과 문답 해설이 어떤 가치를 가질지는 잘 모르겠습니다. 다만, 청소년이 혼자 읽을 때, 또 그들을 가르치는 사역자들이 교육을 준비할 때 생길 수 있는 질문과 이해를 돕기 위한 설명을 제공함으로써 독자들을 격려하고 싶었습니다. 각 요리문답에서 참고하면 좋을 만한 교리와 용어, 생길 수 있는 질문과 반론에 대한 짧은 해설을 담았습니다. 부디 이 책을 읽는 모든 분들이 성경적 신앙과 지식을 잘 습득해 굳은 신뢰의 자리로 나아가 하나님께서 주시는 영원한 위로 가운데 거할 수 있기를 소망합니다. 모든 영광을 하나님께 돌립니다.

하늘 평안 가득한 곳(천안)에서

**문지환** _하나교회 부목사

## 1. 코르트 버흐립(*Kort Begrip*)의 탁월성

요리문답은 원어적으로 '소리를 내다, 입의 말로 가르치다, 다른 사람의 말을 되풀이하다'의 의미를 가집니다. 요리문답은 특정 교리에 대한 매우 기초적인 내용을 묻고 답하는 형식으로 가르치는 간단하고도 초보적인 교육입니다. 요리문답은 성경 속 진리를 요약 정리하여 가르치는 것이기 때문에 교육 수준과 상관없이 누구라도 기독교 신앙의 원리들을 교육받을 수 있는 탁월성을 가집니다. 그렇기 때문에 요리문답의 교육 대상은 교회 내 성인들뿐 아니라 어린아이들도 해당합니다. 교회가 이 두 부류 모두에게 가르친 것은 하나님께서 구약 시대 때부터(출 20장; 신 4-6장) 두 부류 모두에게 그 수준에 맞추어 언약과 구원의 도리를 교훈하신 성경의 본을 따른 것입니다.

　요리문답 교육은 어떠한 상황에서 요구되었을까요? 특별히 교회 내 성인들은 세례 문답 시에 요구되었고, 유아 세례를 받은 아이들은 입교 문답 시에 요구되었습니다. 그 외 반복적인 교육을 통해 교회의 통일된 신앙고백에 도움을 주었습니다. 하지만 여전히 그 내용의 양과 질에 있어서 부담이 있었습니다.

《코르트 버흐립》은 개혁 교회의 신조로 자리 잡으며 개혁교회의 역사 속에 나온 최고의 신앙적 삶의 산물인 《하이델베르크 요리문답》의 요약입니다. 1608년 미델뷔르흐(Middelburg, Netherlands) 노회에서 이 문서를 성찬 참여를 위한 시험 지침서로 채택했습니다. 도르트레흐트 총회(Synod of Dordrecht, 1618–19)는 교과서로서의 《하이델베르크 요리문답》이 너무 광범위하다 여겨진다면, 《코르트 버흐립》으로 대체할 것을 권장했습니다. 그 이후 1637년부터 《코르트 버흐립》은 출판사에 의해서 교회 문서 목록에 포함되기 시작했습니다. 이 책은 특별히 교회 가입을 원하는 성인 교육을 위해 사용되었습니다. 분명히 말해 두어야 하는 것은, 간추린 요리문답이 공식적인 교회적 권위를 갖지 않는다는 것과 교회의 교리서로써 《하이델베르크 요리문답》을 결코 대체하지 않았다는 사실입니다.

이 요리문답은 철저하고도 탁월한 학문적 정신이 가득 배어 있음과 동시에 매우 진지하면서도 실천적입니다. 즉 교리가 삶의 형식으로 인식되고 제시되고 있다는 말입니다. 《코르트 버흐립》은 하이델베르크 요리문답의 탁월함을 고스란히 담아내며, 보다 간추린 내용으로 다음 세대들에게 우리의 믿는 바를 잘 전달할 수 있습니다.

## 2. 코르트 버흐립(Kort Begrip)의 요점과 유익

코르트 버흐립의 가장 중요한 의미는 '율법'과 '복음'에 관한
것으로 나뉩니다. 어린아이를 위한 것이든 성인들을 위한 것
이든 요리문답의 본질적인 내용은 동일한데, 이 요리문답이
다루게 될 내용은 크게 세 부분으로 나뉩니다. 1) 우리의 죄
와 비참에 관하여, 2) 우리의 구원에 관하여, 3) 우리의 감사
에 관하여.

여기서 율법의 골자인 십계명은 우리의 죄와 비참함을 알
게 해 주는 거울이므로 첫째에 속하고, 사도신경과 성례는 구
원의 문제를 다루고 있기에 둘째에 속하고, 주기도는 감사의
주요한 부분으로 셋째에 속합니다.

코르트 버흐립의 유익은 다음과 같습니다. 첫째, 우리의 구
원과 위로를 받기에 유익합니다. 우리는 요리문답을 통해 하
나님의 구원의 은혜를 믿고 그 구원을 충만하고 완전하게 누
릴 것이라 확신합니다. 이 구원과 위로가 그것을 누리는 자들
을 진정 복된 자로 만들 것이며, 그 구원과 위로 바깥에 있는
자들은 진정 비참한 자로 만들 것입니다.

둘째, 우리의 구원에 관한 지식을 얻기에 유익합니다. 요
리문답은 실제 대화 형식으로써, 중세 시대 때부터 이어져 온
교사가 질문하고 학생이 답하는 형식을 취합니다. 묻고 답함
으로 인해 구원에 대한 지식을 매우 효과적으로 기억하고 이
해할 수 있습니다.

셋째, 우리의 신앙 고백에 유익합니다. 요리문답은 고백적인 문서로써, 추상적이고 모호한 설명이 아니라 신앙에 대한 개인의 경험적 고백을 말합니다. 그렇기 때문에 많은 질문이 '당신은'의 형식으로 나타납니다. 그러나 시대적 한계가 있음도 분명한데, 당시의 주요 논쟁 거리였던 승천과 성찬에 관해서는 많이 다루고 있는 반면, 오늘날의 현대적 주제들과는 거리감이 있습니다.

넷째, 교회의 각 가정과 특별히 어린 자녀들을 둔 가정에 유익합니다. 우리의 자녀들을 신실한 그리스도인으로 양육함에 있어서 세 가지 장애물들을 제거하고자 하기 때문입니다: 1) 부모의 의무 태만, 2) 의무 이행에 대한 내용과 방법에 대한 무지, 3) 신앙의 어른으로서의 책임 수단들 부족. 코르트 버흐립은 이 세 가지를 제거하는 데 많은 도움을 줍니다.

요리문답 전체가 제1문답에 요약되어 있습니다. 그러므로 각각의 질문들은 제1문답을 염두에 두고 읽을 때 전체적인 의도를 보다 분명히 이해할 수 있게 됩니다. 물론 이 요리문답이 하나님의 말씀의 충실한 요약일 뿐, 무흠한 것은 아닙니다. 그럼에도 불구하고 충분히 신뢰할 만하며, 하나님의 말씀과 배치되지 않는 한 신조들과 요리문답들을 거부하는 것은 매우 어리석은 것입니다. 왜냐하면 모든 좋은 신조들과 요리문답들, 그리고 신앙고백서들은 하나님의 말씀을 즐거이 높이기 때문입니다.

## 3. 요리문답 교육의 필요성

요리문답 교육이 필요한 이유는 다음과 같습니다.

1) 하나님의 명령입니다(신 11:19, "그것을 너희의 자녀에게 가르치며").
2) 하나님의 영광이 원합니다. 하나님께서는 남녀노소를 불문하고 자신을 올바로 알고 경배할 것을 요구하십니다(시 8:2, "어린아이들과 젖먹이들의 입으로 권능을 세우심이여").
3) 우리의 구원과 위로 때문입니다(요 17:3, "영생은 곧 유일하신 참 하나님과 그가 보내신 자 예수 그리스도를 아는 것이니라").
4) 사회와 교회의 보존을 위해 필요합니다. 하나님을 예배하는 일의 중요성은 그 사회의 존속 역사가 입증하고 있습니다. 우리의 타락된 본성을 올바르게 제어하기 위해서는 교리 교육을 받아 경건의 실천을 시작함으로 가능합니다.
5) 바른 규칙과 표준을 아는 일이 필요하기 때문입니다. 독단적 판단에 치우치지 않기 위해서 율법과 사도신경을 통해 표준을 제시하는 것입니다.
6) 설교를 더 잘 듣고 이해하기 위해서입니다. 설교의 내용을 요리문답의 내용과 관계하여 이해할 때 유익을 얻습니다.
7) 눈높이 교육이 가능하기에 중요합니다. 간결성과 용이성이 요리문답 교육에 배여 있습니다.

---

8) 이단의 유혹으로부터 벗어나기 위해서입니다. 교리 교육을 통해 참과 거짓을 분별할 수 있는 안목이 생기기 때문입니다.

9) 교사의 기본 역량에 필요합니다(딤전 4:6, "그리스도 예수의 좋은 일꾼이 되어 믿음의 말씀과 네가 따르는 좋은 교훈으로 양육을 받으리라").

이와 같은 요리문답의 의도는 우리의 구원과 위로에 있습니다. 이 구원의 참된 기쁨을 누리지 못하는 자들이 바로 비참한 자들입니다.

미로 공원에 가보셨나요? 자신감만 챙긴 채 무턱대고 도전했다가는 헤매기 일쑤입니다. 하지만 전체 지도를 익히고 조감도를 본 후 도전하면, 보다 정확하고 빠르게 목표 지점에 이를 수 있습니다. 코르트 버흐립도 마찬가지입니다. 전체를 조망하는(bird-eye's view) 구조를 살피면서 논리적인 연결을 이해한다면 문답 본문과 해설의 맛을 보다 깊고 다채롭게 음미할 수 있습니다.

코르트 버흐립은 하이델베르크 요리문답의 요약이므로 그와 비슷한 구조와 논리적 연결점을 지니고 있습니다. 문답은 총 3부로 구성되어 있고 74개의 질문과 답이 담겨 있습니다. 이 간추린 문답은 곧장 1부로 들어가지 않고 1개의 질문을 먼저 던지는데, 이것이 문답 전체의 전제이며 틀입니다.

## 제1문답
### 전제 〈진정한 위로와 세 가지 지식〉

코르트 버흐립의 전제는 **진정한 위로**입니다. 모판이 되는 하이델베르크 요리문답은 가장 먼저 위로에 관한 질문을 던집니다. 그러면서 참된 위로는 "살아서나 죽어서나 나는 나의 것이 아니요 몸도 영혼도 나의 신실한 구주 예수 그리스도의 것"이라 답합니다. 나를 값주고 사신 그리스도만이 참된 위로임을 천명하며 시작하지요. 반면 코르트 버흐립은 이미 그 전제를 품고 있습니다.

주님이야말로 우리가 사는 동안, 혹은 죽음 이후까지 유효한 위로임을 벌써 전제하고 있습니다. 비록 무엇이 위로인가 질문하지는 않지만, 이 감추어진 전제를 이해하고 숙지하는 일은 대단히 중요합니다. 코르트 버흐립 전체가 이 위로 가운데 살고 죽는 길을 제시하기 때문입니다. 위로가 무엇인지도 모으면서 그 위로 속에 사는 삶을 "복되다"(제1문답) 고백할 수는 없지요. 살아서만이 아니라 죽어서까지 유효한 참된 위로는 우리가 예수 그리스도의 소유라는 사실뿐임을 먼저 기억해야 합니다.

그리스도의 소유가 되어 위로를 누리는 복된 삶을 살기 위해 필요한 지식은 세 가지입니다.

1. 나의 죄와 비참이 얼마나 심각한지
2. 나의 죄와 비참에서 어떻게 구원받는지
3. 나를 구원하신 하나님께 어떻게 감사할 것인지

이 세 가지 지식은 날줄과 씨줄처럼 서로 긴밀하게 연결되어 있습니다. 각각의 지식은 두려움, 기대와 만족, 감사의 반응을 불러 일으키며 우리를 복된 삶으로 인도할 것입니다.

## 제2~13문답
## 제1부 〈우리의 죄와 비참에 관하여〉

사람을 복된 인생으로 인도하는 첫 번째 지식은 **우리의 비참**을 아는 것입니다. 얼굴에 묻은 오염을 확인하지 못한다면 제거할 수도 없습니다. 1부는 우리가 처한 현실을 있는 그대로 고발합니다. 영적 현실을 직시하지 못하게 만드는 수많은 요소들이 있습니다. 마치 우리가 현재 잘 살고 있으며 아무런 문제가 없는 것처럼 느끼게 만드는 것들입니다. 돈, 명예, 쾌락, 성공, 워라벨, 저녁이 있는 삶… 세상에서 가치있고 좋은 것들을 소유하다 보면(이것들이 꼭 나쁜 것은 아니지만), '내 인생은 참 괜찮다' 생각하기 쉽습니다. 하지만 1부는 그런 기대를 산산히 깨뜨리고 진정한 위로를 앙망하게 만듭니다. 1부는 크게 세 부분으로 나누어 살필 수 있습니다.

### 1. 죄와 비참을 비추는 거울 : 율법(제2~6문답)

하나님 사랑 · 이웃 사랑의 계명이 우리 자신을 있는 그대로 비추는 거울입니다.

### 2. 율법에 비친 내 모습 : 비참(제7문답)

하나님과 이웃을 미워하고, 하나님의 계명을 무시하는 비참함을 발견합니다.

### 3. 죄와 비참의 책임 : 불순종(제8~12문답)

'하나님이 창조주시라면 이런 상황을 만든 그분께 책임을 물어야 하는 것 아닌가?' 하는 질문에 답을 줍니다.

제1부의 목적은 문제점을 인식하게 하는 데 있습니다. 그

래야 해결책을 궁금해 하고 소망할 수 있기 때문입니다. 1부 마지막에 다다랐을 때(제13문답) 우리는 **저주 아래에 있는 자**라는 불편한 사실에 대한 확실한 지식을 소유할 수 있습니다.

## 제14~63문답
## 제2부 〈우리의 구원에 관하여〉

죄와 비참에 빠진 인생에게 주어지는 것은 '하나님의 저주'임을 1부에서 확인했습니다. 그러나 요리문답은 우리를 좌절시키기 위해서 이 두려운 지식을 제공하는 것이 아닙니다. 요리문답의 목적은 맨 처음 살폈듯이 **위로 속에서 복되게 살고 죽는 것**입니다. 율법을 통해 자신의 비참함을 직시한 자를 재빠르게 도와서 진정한 위로 속으로 인도하기 위함입니다. 바로 우리 **구원에 관한 지식**을 통해서 말입니다. 제2부에서 우리는 사람을 구원하시는 삼위일체 하나님의 놀라운 사역을 볼 수 있습니다. 제2부는 다음과 같이 구분할 수 있습니다.

### 1. 중보자 논의 : 참 사람 / 참 하나님(제14~17문답)

참 사람이시며 참 하나님이신 예수 그리스도만이 유일한 중보자입니다.

### 2. 참된 믿음(제18~63문답)

2-1. 참된 믿음의 정의(제18~19문답)

구원은 유일한 중보자 예수님을 믿는 자에게만 주어지는 은혜입니다. 따라서 참된 믿음을 이해하고 소유하는 일의 중요성은 아무리 강조해도 지나치지 않습니다. 하나님께서 죄와 비참에 빠진 우리에게 요구하시는 믿음은 복음에 관한 **확**

실한 지식과 견고한 확신으로 이뤄져 있습니다. 앞으로 요리문답은 지식과 확신을 각각 소개하는 일에 주안점을 둡니다.

2-2. 확실한 지식(제20~43문답)

죄와 비참에 빠진 우리가 구원을 얻기 위해 소유해야 할 확실한 지식의 내용을 담고 있습니다. 그것은 복음에 계시된 하나님의 약속들이며 사도신경에 잘 요약되어 있습니다. 우리 구원을 위해 행하신 삼위일체 하나님의 객관적인 사역들을 사도신경을 중심으로 소개합니다.

2-3. 견고한 확신(제44~63문답)

구원에 관한 지식은 객관적입니다. 그것은 우리 밖에서 행하신 하나님의 일입니다. 이것을 우리에게 적용시키시는 분은 성령님이십니다. 성령님께서 우리가 복음의 지식을 신뢰할 수 있도록 도우십니다. 덕분에 우리는 의롭다하심을 얻고(칭의) 거룩한 걸음을 내딛을 수 있습니다(성화). 성령님께서 칭의와 성화를 위해 사용하시는 은혜의 도구(the Means of Grace)가 있습니다. 말씀과 성례입니다. 요리문답은 거룩한 삶을 위해 이 수단들을 잘 사용하라고 종용합니다.[1]

## 제64~74문답
## 제3부 〈우리의 감사에 관하여〉

죄와 비참에 빠진 인생이 삼위 하나님의 복음을 믿음으로 구원받았다면, 이제 그는 어떤 인생을 살아야 할까요? 제3부는

---

1  말씀과 성례는 공예배(public service)중에 시행되는 은혜의 방편입니다. 따라서 명시적인 언급은 없지만 제2부 마지막 즈음에서 우리는 예배의 중요성을 생각하게 됩니다.

이 질문의 해답을 제공합니다. 단도직입적으로 말해 '감사'입니다. 우리는 감사를 감정적으로 이해할 때가 많습니다. 고마워하는 마음, 기뻐하며 보은하겠다는 결심의 감정으로 생각합니다. 하지만 코르트 버흐립은 감사란 구체적인 행위라고 말합니다. 그래서 제3부 감사를 시작하면서 다짜고짜 '선행'을 이야기하는 것입니다. 제3부는 다음과 같은 내용을 포함하고 있습니다.

### 1. 참된 선행(제64~68문답)

오직 은혜로 구원받은 성도의 선행은 구원의 조건이 아닙니다. 선행은 우리가 하나님께 감사하고 이웃을 축복하는 행위입니다. 즉 하나님 사랑, 이웃 사랑이 선행의 핵심입니다. 코르트 버흐립의 모판인 하이델베르크 요리문답은 선행이 곧 하나님의 계명을 따라서 행하는 삶이라고 잘 지적합니다(하이델베르크 요리문답 제91문답).[2]

### 2. 기도(제69~74문답)

믿음으로 구원받은 자의 삶은 선행으로 귀결되어야 합니다. 그러나 신자라고 해서 하나님의 계명을 온전히 실천하기란 불가능합니다. 이런 문제점을 요리문답은 기도로써 극복하도록 격려합니다. "매일 매일 더 많이 순종할 수 있도록 주께 끊임없이 기도합니다"(제69문답).[3]

---

2  하이델베르크 요리문답은 제3부 우리의 감사에서 십계명을 상세하게 해설합니다. 하나님의 계명을 좇아 사는 삶이 곧 선한 행실이기 때문입니다.

3  코르트 버흐립은 이를 간략히 해설하지만, 하이델베르크 요리문답은 주기도문을 해설하면서 기도를 통해 감사의 삶을 종용합니다.

## 전제

**1문답**

진정한 위로와 세 가지 지식

## 1 우리의 죄와 비참

**2-13문답**

**제1부 : 우리의 죄와 비참에 관하여**

1. 죄와 비참을 비추는 거울 : 율법(2~6문답)
2. 율법에 비친 내 모습 : 비참(7문답)
3. 죄와 비참의 책임 : 불순종(8~12문답)

## 2 우리의 구원

**14-63문답**

**제2부 : 우리의 구원에 관하여**

1. 중보자 논의 : 참 사람 / 참 하나님(14~17문답)
2. 참된 믿음(18~63문답)
   2-1. 참된 믿음의 정의(18~19문답)
   2-2. 확실한 지식(20~43문답)
   2-3. 견고한 확신(44문~63문답)

## 3 우리의 감사

**64-74문답**

**제3부 : 우리의 감사에 관하여**

1. 참된 선행(64~68문답)
2. 기도(69~74문답)

전제

■

# 진정한
# 위로와
# 세 가지
# 지식

# 사나 죽으나 당신이 위로를 받기 위해서 알아야 할 것은 무엇입니까?

**답:** 첫째는, 나의 죄와 비참이 얼마나 심각한지입니다.[1]

둘째는, 내가 나의 죄와 비참에서 어떻게 구원을 받았는지입니다.[2]

셋째는, 내가 구원을 주신 하나님께 어떻게 감사할 것인지입니다.[3]

[1] 요일 1:8 [2] 요 17:3 [3] 롬 6:13; 참고 엡 5:8
하이델베르크 요리문답 제1-2문답

### Tip 진정한 위로

요리문답의 위로는 단순한 격려나 슬픔을 감정적으로 공감하는 정도를 말하는 것이 아닙니다. 사는 동안만이 아니라 죽어서까지 효력을 미치는 강력한 위로입니다. 생사의 갈림길, 환란이나 박해, 극심한 고통 중에도 평안을 잃지 않고 하나님을 바라볼 수 있는 복입니다. 종교개혁 당시 성도들이 당한 박해와 고난을 생각하면, 그들에게 이 문답이 얼마나 실제적인 위로와 평안을 주었을지 조금이나마 상상할 수 있습니다.

제1부

우리의
죄와 비참에
관하여

# 당신은 당신의 비참을
# 무엇으로 알게 됩니까?

**답:** 하나님의 율법으로 알게 됩니다.[1]

[1] 롬 3:20
하이델베르크 요리문답 제3문답
도르트 신조 III/IV 5

### Tip 영혼의 거울

율법은 일종의 거울입니다. 아침에 일어나 거울 앞에 섰을 때 밤새 흐트러진 우리의 모습을 보고 '씻어야겠다'는 필요를 느끼듯이, 율법은 우리의 비참한 모습을 적나라하게 보여 줍니다. 동시에, 어떻게 하면 거기서 헤어 나올 수 있을까 하는 열망도 불러일으킵니다.

## 제3문

# 하나님은 그의 율법에서
# 무엇을 명령하셨습니까?

**답:** 그는 우리를 위해 율법을 요약하사 출애굽기 20:2-17의
십계명으로 기록해 다음과 같이 명령하셨습니다.[1]

나는 너를 애굽 땅, 종되었던 집에서 인도하여 낸 네 하
나님 여호와니라

제1계명: 너는 나 외에는 다른 신들을 네게 두지 말라

제2계명: 너를 위하여 새긴 우상을 만들지 말고 또 위로
하늘에 있는 것이나 아래로 땅에 있는 것이나 땅 아래 물
속에 있는 것의 어떤 형상도 만들지 말며 그것들에게 절
하지 말며 그것들을 섬기지 말라 나 네 하나님 여호와는
질투하는 하나님인즉 나를 미워하는 자의 죄를 갚되 아
버지로부터 아들에게로 삼사 대까지 이르게 하거니와 나
를 사랑하고 내 계명을 지키는 자에게는 천 대까지 은혜
를 베푸느니라

제3계명: 너는 네 하나님 여호와의 이름을 망령되게 부
르지 말라 여호와는 그의 이름을 망령되게 부르는 자를
죄 없다 하지 아니하리라

제4계명: 안식일을 기억하여 거룩하게 지키라 엿새 동안
은 힘써 네 모든 일을 행할 것이나 일곱째 날은 네 하나

님 여호와의 안식일인즉 너나 네 아들이나 네 딸이나 네 남종이나 네 여종이나 네 가축이나 네 문안에 머무는 객이라도 아무 일도 하지 말라 이는 엿새 동안에 나 여호와가 하늘과 땅과 바다와 그 가운데 모든 것을 만들고 일곱째 날에 쉬었음이라 그러므로 나 여호와가 안식일을 복되게 하여 그 날을 거룩하게 하였느니라

제5계명: 네 부모를 공경하라 그리하면 네 하나님 여호와가 네게 준 땅에서 네 생명이 길리라

제6계명: 살인하지 말라

제7계명: 간음하지 말라

제8계명: 도둑질하지 말라

제9계명: 네 이웃에 대하여 거짓 증거하지 말라

제10계명: 네 이웃의 집을 탐내지 말라 네 이웃의 아내나 그의 남종이나 그의 여종이나 그의 소나 그의 나귀나 무릇 네 이웃의 소유를 탐내지 말라

> **1** 신 5:6-21
> 하이델베르크 요리문답 4문답
> 네덜란드 신앙고백 제3조

### Tip 율법의 요약

율법의 요약은 십계명입니다. 하나님께서 그의 언약 백성들에게 기대하시는 바가 잘 요약되어 있습니다. 신자뿐만이 아니라 불신자에게도 적용되는 도덕법이 바로 십계명입니다.

# 십계명은 어떻게 나눠집니까?

**답:** 두 부분으로 나눠집니다.[1]

> [1] 출 31:18
> 하이델베르크 요리문답 제93문답

**Tip** **사랑의 계명**

율법의 요약이 십계명이라면, 십계명의 요약은 사랑입니다. 사랑 그
자체이신(요일 4:8, 16) 하나님께서는 그가 지으신 인류도 역시 사랑
하는 존재가 되기를 기대하셨습니다. 사랑은 크게 두 방향으로 향합
니다. 하나님 사랑(제1~4계명)과 이웃 사랑(제5~10계명)입니다.

# 첫 번째 돌판의 네 계명에서 하나님이 당신에게 요구하시는 것의 요약은 무엇입니까?

답: 네 마음을 다하고 목숨을 다하고 뜻을 다하여[1] 주 너의 하나님을 사랑하라 하신 것입니다. 이것이 크고 첫째 되는 계명입니다.[2]

> [1] 신 10:12  [2] 마 22:37-38
> 하이델베르크 요리문답 제4문답

### Tip 하나님 예배

하나님을 사랑함이란 하나님과 함께하며 대화를 나누고 좋은 것을 주고받는 일입니다. 하나님의 임재를 경험하며, 그분과 언약적으로 대화하고, 하나님께서 주시는 복을 받되 우리도 찬송과 감사를 올리는 것이죠. 이런 일들이 예배 시간에 이뤄집니다. 하나님을 사랑하는 모습은 예배로 가장 현저하게 나타납니다.

# 두 번째 돌판의 여섯 계명에서
# 하나님이 당신에게 요구하시는 것의
# 요약은 무엇입니까?

**답:** 네 이웃을 네 자신같이 사랑하라 하신 것입니다,[1] 이 두 계명이 온 율법과 선지자의 강령입니다.[2]

> [1] 레 19:18 [2] 마 22:39-40
> 하이델베르크 요리문답 제4문답

### Tip 이웃 존중

예수님께서는 이웃 사랑을 하나님 사랑과 같은 비중으로 언급하셨습니다(마 22:39). 하나님이 삼위가 조화롭게 사랑하는 분인 것처럼, 그분의 형상으로 지음받은 우리도 타인을 존중하고 사랑하며, 이웃의 복지를 증진하는 일에 힘써야 합니다.

# 당신은 그 모든 것을 완전히 지킬 수 있습니까?

**답:** 지킬 수 없습니다.[1] 왜냐하면 나는 본성적으로 하나님과[2] 내 이웃을[3] 미워하고, 생각과[4] 말과[5] 행동으로[6] 하나님의 계명을 어기기 때문입니다.

[1] 롬 3:10,12 [2] 롬 8:7 [3] 딛 3:3 [4] 창 6:5 [5] 약 3:8 [6] 요 3:19
하이델베르크 요리문답 제5문답
네덜란드 신앙고백 제14조
도르트 신경 III/IV 1–5

**Tip 타락한 본성**

우리는 하나님의 율법이 요구하는 인간의 모습을 담아내는 데 역부족입니다. 그것이 바로 율법이라는 거울 앞에 선 인간의 실체입니다. 우리는 율법에 비추어진 정죄받아 마땅한 우리 모습을 양심에 따라 인정할 수밖에 없습니다. 그러므로 우리에게 필요한 것은 복음이 주는 위로입니다.

# 그렇다면 하나님께서 당신을 그렇게 악하고 타락한 본성으로 지으셨습니까?

**답:** 아닙니다.[1] 하나님은 나를 하나님의 참된 지식으로[2] 자기 형상대로[3] 선하고,[4] 의롭고, 거룩하게[5] 창조하셨습니다.

[1] 욥 34:10 [2] 골 3:10 [3] 창 1:27 [4] 창 1:31 [5] 엡 4:24
하이델베르크 요리문답 제6문답
네덜란드 신앙고백 제14조
도르트 신경 III/IV 1

**Tip 하나님의 형상**

하나님은 영이시기 때문에 우리처럼 눈, 코, 입 형체가 없으십니다(요 4:24). 인간이 하나님의 형상으로 창조되었다는 것은 외형적인 닮음이 아니라 하나님의 의롭고 선한 성품을 닮아, 하나님을 대신하여 세상을 다스릴 사명을 가졌다는 말입니다(창 1:27-28). 우리는 이것을 '문화 명령'이라고 부릅니다.

제9문

# 그렇다면 당신의 타락한 본성은 어디에서 온 것입니까?

**답:** 그것은 에덴동산에서 아담과 하와의 타락과 불순종으로부터 옵니다.[1] 왜냐하면 거기에서 우리의 본성이 부패되었기 때문에,[2] 우리 모두는[3] 죄 가운데 잉태되고 출생하게 됩니다.[4]

[1] 롬 5:19 [2] 요 3:6 [3] 롬 3:23 [4] 시 51:7
하이델베르크 요리문답 제7문답
네덜란드 신앙고백 제14-15조
도르트 신경 III/IV 1-3

---

### Tip 대표성의 원리

첫 사람 아담은 모든 인류의 대표자였습니다(롬 5:12). 그가 순종했다면 이후 태어난 모든 사람들 역시 하나님의 생명을 누리며 살았을 것입니다. 그러나 대표자의 실패는 우리의 실패로 이어졌고, 죄와 사망이 우리의 왕 노릇하는 결과를 가져왔습니다. 하지만 이 대표의 원리가 오히려 우리에게 유익이 되었습니다. 덕분에 우리가 예수님 한 분을 통하여 생명 안에서 왕 노릇하게 되었기 때문입니다(롬 5:17).

---

# 그 불순종은 무엇입니까?

**답:** 그들이 하나님께서 그들에게 금지하신[1] 나무의 열매를 먹은 것입니다.[2]

----

■ [1] 창 2:16–17 [2] 창 3:6

----

### Tip 선악과의 교훈

선악과는 '선악을 알게 하는 나무의 열매'(창 2:17)입니다. 이 단어는 과실(果)에 초점을 두게 만들지만, 성경의 초점은 나무에 있습니다. 즉 열매에 어떤 효소가 작용해서 타락하게 하는 것이 아니었습니다. 말씀에 순종하는 일이 선(善)이고, 불순종은 악(惡)임을 나무가 교훈하고 있었습니다. 그 나무를 볼 때마다 아담과 하와는 선과 악을 교훈받았습니다.

# 우리는 아담의 불순종과 상관이 있습니까?

**답:** 네, 그렇습니다. 왜냐하면 그는 우리 모두의 아버지이시고[1] 우리는 모두 그 안에서 범죄했기 때문입니다.[2]

[1] 행 17:26 [2] 롬 5:12, 18-19
네덜란드 신앙고백 제14,15조
도르트 신경 Ⅰ 1; Ⅲ/Ⅳ 1-4

### Tip 원죄와 자범죄

범죄한 아담의 후예인 우리는 날 때부터 의가 없고, 부패한 본성을 가지고 태어납니다(창 8:21; 시 51:5). 이것을 '원죄'라고 합니다. 아울러 이 원죄로부터 나오는 열매가 '자범죄'입니다. 우리가 이 땅을 살면서 마음과 행동으로 저지르는 모든 실제적인 죄악입니다.

# 제12문

그렇다면 우리는
우리 스스로 선을 전혀 행할 수도 없고
모든 악에게 기울어질 뿐입니까?

**답:** 네,[1] 우리가 하나님의 영으로 거듭나지 않는 한 그렇습니다.[2]

> [1] 렘 13:23 [2] 요 3:5-6
> 하이델베르크 요리문답 제8문답
> 네덜란드 신앙고백 제14,15조
> 도르트 신경 III/IV 3, 11-12

**Tip** **전적타락?**

우리 인간의 모든 영역이 죄로 오염되어 있어서 도무지 하나님께 내세울 만한 부분이 전혀 없다는 뜻입니다. 아주 작은 죄의 물방울 하나로 인해 우리에게 있는 선한 영역(동정심, 사랑, 헌신 등)이 오염되었습니다. 이 땅에서 가장 거룩하고 선한 사람이라 하더라도, 그의 선은 하나님께서 받으시기에는 오염된 오물에 불과합니다.

# 하나님은 그러한 불순종과 배도를 처벌하지 않을 수 있으십니까?

**답:** 그럴 수 없습니다.[1] 오히려 하나님은 의로운 심판으로 이제와 영원히 벌하실 것입니다.[2] 왜냐하면 "누구든지 율법 책에 기록된 대로 모든 일을 항상 행하지 아니하는 자는 저주 아래에 있는 자라 하였음이라.[4]"라고 기록되었기 때문입니다.

---

[1] 롬 1:18 [2] 시 7:12 [3] 살후 1:9 [4] 갈 3:10
하이델베르크 요리문답 제10–11문답
네덜란드 신앙고백 제16조
도르트 신경 Ⅰ 1, 15; Ⅱ 1

---

### Tip 하나님의 공의

공의란, 거룩하신 하나님께서 공평하고 정의롭게 일을 처리하는 성품을 말합니다. 하나님께서 모든 악으로 기울어진 인류를 심판하시는 건 잘못되거나 너무한 일이 아닙니다. 하나님은 참으로 사랑의 하나님이심과 동시에 참으로 공의의 하나님이십니다. 어느 경우에도 그의 공의는 훼손되지 않습니다.

제2부

우리의
구원에
관하여

# 당신은 어떻게 이 형벌들도 피하고 다시 은혜 안에 받아질 수 있습니까?

**답:** 참 하나님이시면서[1], 동시에[2] 참되고[3] 의로운[4] 인간이신 중보자를 통해서입니다.

> [1] 마 1:23 [2] 렘 23:5–6 [3] 고전 15:21 [4] 히 7:26
> 하이델베르크 요리문답 제12–17문답
> 네덜란드 신앙고백 제17, 20, 26조
> 도르트 신경 II 1, 2

### Tip 중보자의 조건

하나님께서는 인간이 지은 죄로 인해 다른 피조물 벌하기를 원치 않으십니다. 또한 다른 피조물들 역시 죄인을 향한 하나님의 영원한 진노의 짐을 만족시킬 능력이 없습니다. 하나님의 의를 만족시키기 위해서는 죄책을 지닌 인간과 동일한 본성을 소유하되, 무죄하고, 하나님의 진노의 형벌을 감당하고도 이길 수 있으며, 하나님의 영광을 드러내는 자여야 합니다.

# 이 중보자는 누구입니까?

**답:** 한 인격 안에서 참 하나님과[1] 참되고[2] 의로운 인간이신
우리 주 예수 그리스도[3]이십니다.

[1] 요 1:1 [2] 히 2:14 [3] 딤전 2:5
하이델베르크 요리문답 제18–19문답
네덜란드 신앙고백 제10, 18, 19조
도르트 신경 Ⅱ 2–4

**Tip** **중보자 예수님**

예수님은 참 하나님이십니다. 덕분에 모든 인류의 죄를 짊어지실 수 있
으시고, 더 나아가 하나님 안에 있는 의와 생명을 가져다 주실 능력도
있으십니다. 또한 예수님은 죄가 없는 참 사람이십니다. 인간의 죄를
대신할 자격이 충분하고, 또 죄로 인해 죽음을 두려워하는 사람들(히
2:15)의 슬픔과 괴로움을 공감하고 도와주실 수 있는 분입니다(히
4:15).

# 천사들은 우리의 중보자가 될 수 없습니까?

**답:** 될 수 없습니다.[1] 왜냐하면 그들은 하나님도 아니고 또한 사람도 아니기 때문입니다.

[1] 히 1:14
하이델베르크 요리문답 제14, 15, 30문답
네덜란드 신앙고백 제12조

---

### Tip 천사보다 사람

과거 개역한글 성경은 시편 8장 5절을 "저를 천사보다 조금 못하게 하시고"라고 번역하면서 인간보다 천사가 높은 존재인 듯한 인상을 주었습니다. 하지만 개역개정 성경은 "저를 하나님보다 조금 못하게 하시고"로 바르게 번역했습니다. 우리는 천사보다 존귀한 자들입니다. 우리는 하나님의 형상으로 지음받은 지상의 대리인입니다.

## 성인들은 우리의 중보자가 될 수 없습니까?

**답:** 될 수 없습니다. 왜냐하면 그들은 스스로 범죄하였으며,[1] 또한 이 유일한 중보자를 통하지 않고서는 구원받지 못하기 때문입니다.[2]

[1] 욥 15:14 [2] 요 14:6
하이델베르크 요리문답 제30문답
네덜란드 신앙고백 제26조
도르트 신경 l 1, 2, 7; V 1-3

### Tip 유일한 중보자

예수님만이 유일한 중보자이심을 믿어야 합니다(행 4:12). 성인을 비롯한 천사들, 신령한 존재, 혹은 돈과 명예 등 그 어떤 것도 우리 구원에 도움을 줄 수 없습니다. 왜냐하면 이 모든 것들이 하나님의 신적 진노를 만족시키기에 역부족이기 때문입니다.

# 모든 사람이 아담 안에서 타락한 것처럼, 모든 사람이 그리스도를 통하여 구원을 받습니까?

**답:** 아닙니다.[1] 오직[2] 참된 믿음으로 그를 영접하는 자만[3] 구원을 받습니다. 왜냐하면 "하나님이 세상을 이처럼 사랑하사 독생자를 주셨으니 이는 그를 믿는 자마다 멸망하지 않고 영생을 얻게 하려 하심이라.[4]"라고 기록되었기 때문입니다.

[1] 마 22:14 [2] 요 3:36 [3] 요 1:12 [4] 요 3:16
하이델베르크 요리문답 제20문답
네덜란드 신앙고백 제16, 20조
도르트 신경 I 4-6; II 5, 8

**Tip 하나님의 예정**

하나님은 우리가 다 이해할 수 없는 그의 지혜로(롬 11:33) 구원받을 자를 미리 선택하셨습니다(롬 8:29). 이것을 우리는 '예정'이라고 부릅니다. 하나님의 속마음은 모든 사람이 구원받았으면 하는 것이지만(딤전 2:4), 어떤 이는 구원을 위해 예정된 자가 있는 반면, 자기 죄 때문에 유기된 자도 있습니다. 그렇기 때문에, 우리를 예정하셔서 참된 믿음을 주시고 예수님을 영접해 구원 얻도록 하신 하나님을 찬양할 수밖에 없습니다.

# 참된 믿음이란 무엇입니까?

답: 참된 믿음이란 복음[1] 안에서 우리에게 계시하신 하나님
과 그의 약속들을 확실히 아는 지식입니다.[2] 동시에 그리
스도의 공로로 인해 나의 모든 죄가 용서받는다는 견고
한 확신입니다.[3]

[1] 롬 1:16-17 [2] 히 11:1 [3] 엡 3:12
하이델베르크 요리문답 제21문답
네덜란드 신앙고백 제22조
도르트 신경 I 5, 6; III/IV 14; V 8-10

### Tip 믿음의 두 측면

믿음은 맹신이 아닙니다. 무작정 덮어놓고 믿기만 하면 되는 그런 믿
음은 없습니다. 복음의 내용을 확실히 알고 믿어야 합니다. 동시에 믿
음은 시험 답안 작성이 아닙니다. 믿음의 내용을 줄줄 꿰는 것으로 충
분하지 않습니다. 성령님이 불러일으키시는 견고한 확신이 있어야
합니다. 믿음은 우리의 지성과 감정이 모두 활발하게 작용합니다.

# 하나님께서 우리에게 복음 안에서 믿도록 약속하고 명령하신 것들의 요약은 무엇입니까?

**답:** 일반 기독교 신앙의 열두 조항 안에 요약됩니다.

Ⅰ 1  나는 전능하신 아버지 하나님,
　　　천지의 창조주를 믿습니다.

Ⅱ 2  나는 그의 유일하신 아들,
　　　우리 주 예수 그리스도를 믿습니다.

　　3  그는 성령으로 잉태되어,
　　　동정녀 마리아에게서 나시고,

　　4  본디오 빌라도에게 고난을 받아
　　　십자가에 못 박혀 죽으시고
　　　음부에 내려가셨다가,

　　5  장사된 지 사흘 만에
　　　죽은 자 가운데서 다시 살아나셨으며,

　　6  하늘에 오르시어
　　　전능하신 아버지 하나님 우편에 앉아계시다가,

　　7  거기로부터 살아있는 자와 죽은 자를
　　　심판하러 오십니다.

III 8　나는 성령을 믿으며,

　　9　거룩한 공교회와 성도의 교제와

　10　죄를 용서받는 것과

　11　몸의 부활과

　12　영생을 믿습니다. 아멘.

**Tip** **요약 정리의 달인, 사도신경!**

성경의 방대한 내용을 한꺼번에 알고 확신하기란 여간 어려운 일이
아닙니다. 하지만 성경의 복음을 핵심 정리해 둔 사도신경이 있습니
다. 우리는 사도신경을 통해 성부, 성자, 성령 하나님을 일목요연하게
배우고 고백할 수 있습니다.

# 당신이 성부와 성자와 성령 하나님을 믿는다고 고백한다면, 그것은 세 하나님(삼신)을 의미하는 것입니까?

**답:** 아닙니다. 결코 그렇지 않습니다. 왜냐하면 그분은 오직 한 분이신[1] 참 하나님으로 계시기 때문입니다.

---

[1] 신 6:4
하이델베르크 요리문답 제24-25문답
네덜란드 신앙고백 제1조

### Tip 한 분 하나님

성경은 우리 하나님 여호와께서 오직 유일한 여호와이심을 증거합니다. 이는 최고의 권능과 위엄을 소유하시고, 가장 완전하셔서 만물을 통치하시는 분이 하나님 한 분밖에 없음을 말합니다. 만약 하나님보다 능력이 더 크거나, 하나님과 동일한 능력을 소유한 분이 계시다면, 하나님의 유일성과 그 말씀의 진실성은 거부될 것입니다.

# 그렇다면 당신은 왜 세 위격인 성부, 성자, 성령을 말합니까?

**답:** 왜냐하면 하나님께서 그의 말씀[1] 안에서 스스로를 그렇게 계시하셨기 때문입니다. 이 세 구별되는 위격들은 곧 한 분이요 참 하나님이십니다.[2] 우리는 또한 성부와 성자와 성령의 이름으로 세례를 받습니다.

[1] 딤후 3:16  [2] 고후 13:13; 마 28:19
하이델베르크 요리문답 제25문답
네덜란드 신앙고백 제2–7조, 제8–9조

**Tip** 삼위 하나님

성부 하나님의 창조와 섭리는 곧 우리의 이야기이기에 안심할 수 있습니다. 성자 예수님의 구속 사역은 저 멀리 누군가를 위한 것이 아니라 나를 위한 것이기에 위로를 얻습니다. 성령 하나님의 내주하시고 동행하시는 역사가 내 안에서 일어나는 일이기에 감사합니다. 한 분 하나님께서 나를 위해 삼위로 계신다는 것이 우리에게 얼마나 위로가 되는지 모릅니다.

## 제23문

### '나는 전능하신 아버지 하나님, 천지의 창조주를 믿습니다.'라고 말할 때, 당신은 무엇을 믿습니까?

**답:** 우리 주 예수 그리스도의[1] 영원하신 아버지께서 하늘과 땅을[2] 무로부터[3] 창조하시고,[4] 그의 섭리를 통해 여전히 보존하시며,[5] 또한 그 아들 그리스도로 말미암아 나의 아버지요[6] 하나님 되심을, 나는 믿습니다.

[1] 요 17:1, 5　[2] 창 1:1　[3] 히 11:3　[4] 시 33:9
[5] 시 145:15-16　[6] 엡 1:5
하이델베르크 요리문답 제26-28문답
네덜란드 신앙고백 제12-14조

### Tip 아버지 하나님

예수님께서는 당신의 아버지가 곧 '우리 아버지'라고 선언하십니다 (요 20:17). 예수님을 믿는 자는 주님과 함께 하나님의 자녀가 되어 사랑과 은혜, 모든 좋은 것들을 선물로 받을 수 있습니다. 천지를 창조하신 하나님이 우리의 아버지십니다!

# '나는 그의 유일하신 아들 우리 주 예수 그리스도를 믿습니다.'라고 말할 때, 당신은 무엇을 믿습니까?

**답:** 예수 그리스도께서 성부의[1] 영원하고[2] 유일한[3] 아들이시
며,[4] 성부와 성령과 동일 본질이심을[5] 나는 믿습니다.

[1] 요 5:26 [2] 잠 8:23 [3] 요 1:18 [4] 히 1:5 [5] 빌 2:6
하이델베르크 요리문답 제33문답
네덜란드 신앙고백 제10조

**Tip** **독생자 예수님**

예수님께서는 하나님의 아들이십니다. 우리 역시도 하나님의 자녀입
니다. 여기서 예수님이 독생자라는 말은 '유일하게 독특한 아들'이라
는 뜻입니다. 그분만이 성부 하나님과 같은 본질의 아들이시고, 그분
만이 모든 사람의 죄를 짊어지고 십자가에서 죽으셨습니다. 이런 독
특한 분은 하나님의 자녀 가운데 오직 예수님밖에 없습니다.

## 제25문

# 당신은 그가 또한 사람으로 나심을 믿지 않으십니까?

**답:** 믿습니다.[1] 왜냐하면 그는 성령으로 잉태되어 동정녀 마리아에게서 나셨기 때문입니다.[2]

[1] 요 4:2-3 [2] 눅 1:35
하이델베르크 요리문답 제35-36문답
네덜란드 신앙고백 제18조

### Tip 동정녀 탄생

예수님이 동정녀 마리아에게서 나셔야 했던 이유는 그가 어머니를 통해 참된 인성을 취하시기 위함이었습니다. 또한 아브라함과 다윗의 후손으로 오사 구약의 예언을 성취하시고(창 3:15; 사 7:14), 육신 가운데 태어난 우리를 위한 거듭남의 표징이 되시기 위함이었습니다(요 1:13).

# 그렇다면 그의 신성이
# 인성 안에서 변화됩니까?

**답:** 아닙니다.[1] 왜냐하면 신성은 불변하기 때문입니다.

[1] 요 1:14
하이델베르크 요리문답 제35문답
네덜란드 신앙고백 제19조

### Tip 참 하나님이신 예수님

예수님께서는 성령 하나님의 역사 속에서 동정녀 마리아를 통해 인성을 취하사 참 하나님인 동시에 참 사람이 되셨습니다. 칼케돈 신경 (*Chalcedonian Creed*, 451)에서 말하듯이 두 본성은 혼합되거나 변화되거나 나뉘거나 분리될 수 없는 단일 위격 속에 존재하십니다. 이 두 본성의 연합을 통해 우리가 구속함을 얻을 수 있게 됩니다.

# 제27문

## 그렇다면 그는 어떻게 사람이 되십니까?

**답:** 그는 인성을 취하시고[1] 그분의 한 인격 안에서 그분의 신성과 연합하십니다.[2]

> [1] 빌 2:6–7 [2] 롬 9:5
> 하이델베르크 요리문답 제35문답
> 네덜란드 신앙고백 제18–19조

### Tip 성육신

예수님께서 마리아의 살과 피를 취하시며 사람이 되실 때 역사하신 분은 성령님이십니다. 성령 하나님의 신적인 역사가 아니었다면 창조주는 인간이 될 수 없었을 것입니다. 우리 하나님은 죽을 수 있는 하나님입니다. 이것이 우리 신앙의 자랑거리요 다른 신들과 비교할 수 없는 주님의 우월성입니다.

제28문

# 그는 그의 인성을
# 하늘로부터 가져왔습니까?

**답:** 아닙니다. 그는 성령의 사역을 통해[1] 동정녀 마리아로부터[2] 인성을 취하셨습니다.[3] 그래서 그는 그의 형제들인 우리와 모든 면에서 같으시지만, 죄는 없으십니다.[4]

> [1] 마 1:18, 20  [2] 눅 1:30-31  [3] 빌 2:7  [4] 히 2:17; 4:15
> 하이델베르크 요리문답 제35문답
> 네덜란드 신앙고백 제18조

---

**Tip** **체휼의 제사장**

체휼(體恤)이란, 상대방의 형편과 처지를 몸으로 직접 겪은 것처럼 이해하고 함께 아파하는 것입니다. 히브리서 4장 15절(개역한글)은 예수님이 바로 체휼의 대제사장이라고 말씀하고 있습니다. 그분의 형제인 우리와 모든 면에서(죄를 제외한) 같이 되셨기 때문에 우리의 아픔과 슬픔, 그리고 눈물을 누구보다 잘 이해하고 위로하실 수 있습니다.

# 제29문

# 왜 그는 예수, 즉 구원자라 불립니까?

**답:** 왜냐하면 그가 그의 백성을 그들의 죄에서 구원하셨기 때문입니다.[1]

> [1] 마 1:21
> 하이델베르크 요리문답 제29문답
> 네덜란드 신앙고백 제21조

---

**Tip 여호수아, 예수**

히브리어 '여호수아'와 그것을 헬라어로 음역한 '예수'는 모두 '구원자'라는 뜻을 가지고 있습니다. 예수님 당시에 어른들은 아들의 이름을 '예수'라 짓기를 즐겨 했습니다. 하나님의 구원이 로마의 압제 가운데 있는 유대 민족에게 임하길 바라는 소망을 담았습니다. 하지만 수많은 '예수' 중에 진정한 구원자는 하나님의 아들 예수밖에 없습니다. 그분만이 자기 백성을 그들의 죄에서 구원할 진짜 여호수아입니다.

제30문

# 다른 구원자는 없습니까?

**답:** 없습니다.[1] 왜냐하면 예수의 이름 외에 천하 사람 중에서
구원받을 만한 다른 이름을 우리에게 주신 일이 없기 때
문입니다.[2]

[1] 요 14:6 [2] 행 4:12
하이델베르크 요리문답 제30문답
네덜란드 신앙고백 제26조

### Tip 유일한 구원자

오직 예수님만이 구원의 길이라는 메시지는 관용, 존중, 이해가 중요
시되는 다원주의 시대에 폭력적으로 느껴질 수 있습니다. 하지만 우
리는 세상의 소리가 아니라 하나님의 말씀, 복음에 귀를 기울이고 신
뢰해야 하는 사람들입니다. 이 배타적인 진리를 관용적인 우리 삶에
담아서 그 누구보다 친절하게, 누구보다 부드럽게, 누구보다 유연한
태도로 전합시다.

# 왜 그는 그리스도, 즉 기름 부음받은 자로 불립니까?

답: 왜냐하면 그는[1] 성령과 함께[2] 기름 부음 받으셨고, 성부 하나님으로부터 우리의 위대한 선지자로[3], 우리의 유일한 대제사장과[4] 우리의 영원한 왕으로[5] 임명되셨기 때문입니다.

[1] 요 1:42 [2] 행 10:38 [3] 행 3:22 [4] 시 110:4 [5] 눅 1:32–33
하이델베르크 요리문답 제31–32문답

## Tip 메시야, 그리스도

히브리어 '메시아'가 헬라어로 '그리스도'입니다. 그 뜻은 "기름 부음 받은 사람"입니다. 구약에서 하나님은 중요한 직분자를 공식적으로 세울 때 올리브 기름을 부어 임명했습니다. 대표적인 직분자들이 선지자, 제사장, 왕인데 그들이 구약의 그리스도입니다. 나중에 하나님은 예수님을 온전한 그리스도, 즉 선지자, 제사장, 왕으로 공식 임명하셔서 우리의 구원을 이루십니다.

# 예수 그리스도께서 우리를 구원하기 위해 무엇을 행하셨습니까?

답 : 그가 우리를 위해[1] 고난당하사,[2] 십자가에 못 박혀[3] 죽으시고[4] 장사되어[5] 지옥에 내려가셨습니다.[6] 즉 그는 지옥의 고통을 감내하셨습니다. 그래서 그는 우리를 죄로 인한 현재와 영원한 징벌로부터 구원하시고자[7] 그분의 아버지께 순종하셨습니다.[8]

[1] 마 20:28 [2] 벧전 3:18 [3] 막 15:25 [4] 고전 15:3 [5] 고전 15:4
[6] 마 27:46 [7] 갈 3:13 [8] 빌 2:8
하이델베르크 요리문답 제37-44문답
네덜란드 신앙고백 제20-21조
도르트 신경 II 1-9

## Tip 지옥 강하

사도신경 원문을 보면 예수님의 지옥 강하 문구가 삽입되어 있습니다. 직역하면 "아래로 내려가셨다"입니다. 역사적으로 이 고백에 관한 수많은 해석이 등장했습니다만 종교개혁자 장 칼뱅(Jean Calvin, 1509-1564)과 그 영향을 받은 《하이델베르크 요리문답》은 그리스도께서 우리를 위해 당하신 수난이 지옥의 고통에 비유될 만큼 컸음을 나타내는 구절로 이해합니다.

# 그는 어느 본성으로 고난을 당하셨습니까?

**답:** 오직 그의 인성, 즉 그의 영혼과[1] 몸으로[2] 고난을 당하셨
습니다.

[1] 마 26:38 [2] 벧전 2:24
하이델베르크 요리문답 제37문답
네덜란드 신앙고백 제18, 21조
도르트 신경 II 1-2

## **Tip** 수난당한 그리스도

예수님의 삶은 고난, 이 한 단어로 요약 가능합니다. 인성을 입고 태
어난 성육신부터 생의 고난, 십자가, 죽음, 매장, 지옥에 내려가시기
까지(그리스도의 비하 혹은 낮아짐) 그분의 삶은 고난으로 점철되어
있습니다. 일반적으로 고난은 슬픈 일이지만 예수님의 고난은 좋은
소식입니다. 그분의 몸과 영혼이 고난당하심으로 우리의 몸과 영혼
이 나음을 입을 수 있기 때문입니다(사 53:5).

제34문

# 그렇다면 그의 신성은
# 여기서 무엇을 하였습니까?

답: 그리스도의 신성은 그 능력으로 인성을 강하게 하사,[1] 죄
를 향한 하나님의 진노의 짐을 감당케 하시고[2] 우리를 그
것으로부터 구원하셨습니다.[3]

[1] 롬 1:4 [2] 나 1:6 [3] 요일 1:7
하이델베르크 요리문답 제17문답
네덜란드 신앙고백 제21조
도르트 신경 Ⅱ 1-4

### Tip 전능하신 예수님

우리의 유일한 중보자이신 예수님께서 참된 신성을 소유하신 분이라
는 말은 그가 전능하신 하나님이심을 의미합니다. 예수님은 상상 속
의 신적 존재이거나, 천사들이나 사람들보다 뛰어난 능력을 소유한
존재가 아닙니다. 참되고 전능하신 하나님과 동일하신 분으로 우리
의 구원을 이루시는 분이십니다.

# 그리스도께서 죽음에 머무셨습니까?

**답:** 아닙니다.[1] 그는 죽은 자들 가운데서[2] 삼 일 만에 부활하
사 우리의 의가 되셨습니다.[3]

---

[1] 고전 15:17-18 [2] 눅 24:34 [3] 고전 1:30; 로마서 4:25
하이델베르크 요리문답 제45문답
네덜란드 신앙고백 제19-20조

---

### Tip 부활의 유익

예수님께서 유월절 어린양으로서 대속의 죽음을 십자가에서 이루신
뒤 삼 일 만에 부활하셨습니다. 주님의 부활을 통해 우리는 주님과 함
께 의로움을 얻고(롬 4:25), 부활의 새 삶을 살며(롬 6:4), 나아가 미
래 부활의 확실한 보증(고전 15:20)을 얻게 되었습니다. 예수님의 부
활이 나의 부활임에 감사합니다.

---

# 그리스도께서는 그의 인성에 있어서 지금 어디에 계십니까?

**답:** 그는 하늘에 오르사[1] 성부 하나님의 우편에 앉으셨습니다.[2] 즉, 그는 모든 만물 위에서 가장 높은 영광 중에 높임을 받으셨습니다.[3]

> [1] 행 1:9  [2] 막 16:19  [3] 엡 1:20–21
> 하이델베르크 요리문답 제46, 49–51문답
> 네덜란드 신앙고백 제26조

### Tip 예수님은 어디?

"주 예수 내 맘에 들어와 계신 후"(찬 289장)는 우리가 자주 부르는 찬송입니다. 우리 안에 성령을 통하여 내주하시는 주님을 생각할 때 (계 3:20) 얼마나 감사한지 모릅니다. 하지만 부활하신 예수님은 육체로는 하나님 아버지 우편에 앉아 계십니다. 주님은 우리 구원을 위해 지상에서 한없이 낮아지시는 '비하(낮아짐)'만 아니라 하늘 높이 오르시는 '승귀'의 사역도 감당하셨습니다.

# 그는 어떤 목적으로 하늘에 오르셨습니까?

**답:** 우선적으로 그곳에서 그의 교회를 통치하시고[1] 우리를
위해 아버지 앞에서[2] 간구하시기 위해서입니다.

[1] 엡 1:22 [2] 히 7:25
하이델베르크 요리문답 제50-51문답
네덜란드 신앙고백 제26조

### Tip 승천의 유익

그리스도께서 만물을 통치하시는 권세의 자리에 계심을 뜻합니다.
그의 몸인 교회도 그와 함께 하늘에 앉힌 바 되어(엡 2:6) 그리스도
와 함께 만물을 다스리는 권세를 이 땅에서 행사합니다. 이러한 사
실이 교회에 주어진 영광과 특권 그리고 사명이 무엇인지를 일깨워
줍니다.

# 제38문

그렇다면 그는, 그가 우리에게
마태복음 28장 20절에서 약속하신 바와 같이
세상 끝날까지 우리와 함께하지
않으시는 것 아닙니까?

**답:** 그의 신성, 그의 위엄, 은혜 그리고 성령에 있어서 그는
우리를 한순간도 떠나지 않으십니다.[1] 그러나 그의 인성
에 있어서[2] 그가 살아있는 자와 죽은 자를[3] 심판하러 오
실 때까지[4] 그는 하늘에[5] 머무십니다.

[1] 마 18:20 [2] 요 16:7 [3] 고후 5:10 [4] 행 1:11 [5] 행 3:21
하이델베르크 요리문답 제47, 48, 52문답
네덜란드 신앙고백 제19, 37조

### Tip 재림 신앙 회복

예수님의 다시 오심을 우리는 얼마나 기다립니까? 우리 삶의 솔직한
모습은 예수님께서 다시 오시든 안 오시든 별로 개의치 않을 때가 많
습니다. 이것은 우리가 이 땅에 나그네(벧전 2:11)라는 정체성을 잃
어버린 증거입니다. 우리는 하늘에 속한 자입니다. 하늘을 바라보며
사는 삶, 하늘로부터의 주님 재림을 기대하며 살아갑시다.

# 성령에 대해 당신은 무엇을 믿습니까?

**답:** 그는 성부와 성자와 함께 참되고 영원한 하나님이십니다.[1] 그는 나를 중생케 하고,[2] 나를 모든 진리로 인도하시며,[3] 나를 위로하고,[4] 그리고 영원토록 나와 함께하시고자[5] 그리스도를 통해 성부로부터 나에게 주어졌습니다.[6]

[1] 행 5:3-4 [2] 요 6:63 [3] 요 16:13 [4] 행 9:31
[5] 요 14:16-17 [6] 요 15:26
하이델베르크 요리문답 제53문답
네덜란드 신앙고백 제2조
도르트 신경 III/IV 3, 11-13, 16

---

### Tip 보혜사 성령님

사도신경에서 "나는 성령을 믿으며" 겨우 세 단어로 이루어진 성령님에 대한 고백은 너무 짧은 듯합니다. 하지만 그분은 경배를 받으실 하나님이시고, 우리에게 믿음을 선물로 주시는 분이며, 교회를 세우고 이끄시는 분이십니다. "성령을 믿사오며"라고 하는 짧은 고백 뒤에 있는 믿음의 내용이 모두 성령 하나님께서 주도적으로 하시는 사역들입니다.

---

# 당신은 거룩한 공교회에 대해 무엇을 믿습니까?

**답:** 나는 하나님의 아들께서[1] 온 인류로부터[2] 영생에 이르도
록 택하신 교회를,[3] 친히 자신의 성령과 말씀을 통해[4] 하
나의 모임으로[5] 모으심을 믿습니다. 그리고 나는 이 모임
의 살아있는 지체이며[6] 영원히 거할 것을[7] 믿습니다.

[1] 요 10:11  [2] 계 5:9  [3] 롬 8:29–30  [4] 행 16:14
[5] 히 12:22–23  [6] 요일 3:14  [7] 요 10:28
하이델베르크 요리문답 제54–55문답
네덜란드 신앙고백 제27조
도르트 신경 II 8–9; V 1–15


### Tip 어머니 교회

교회의 별명은 어머니입니다(갈 4:26). 교부 키프리아누스(T.C.
Cyprianus, 200?–258)는 "교회를 어머니로 모시지 않는 자는 하나
님을 아버지로 모실 수 없다."고 말했습니다. 이곳에서 선포되는 말
씀과 역사하시는 성령님 때문에 '거듭나는 역사'(중생, 다시 출생)가
일어나기 때문입니다. 동시에 교회는 신자를 신령한 젖(벧전 2:2)과
단단한 음식(히 5:14)으로 성장하게 합니다(성화). 신자의 출생과 성
장이 어머니 교회의 품속에서 일어납니다.

# 그는 이 교회를 어디로 모으십니까?

**답:** 하나님의 말씀이 신실하게 설교 되고 그리스도께서 제정 하신 대로 성례가 시행되는 곳으로 모으십니다.[1]

[1] 행 2:42, 47
하이델베르크 요리문답 제54문답
네덜란드 신앙고백 제28-32조
도르트 신경 II 5; III/IV 6, 17

### Tip 교회의 표지

칼뱅은 참 교회를 분별할 수 있도록 돕는 표지를 두 가지 이야기했습니다(기독교강요, 4권 1장 10절). 1. 순수한 말씀의 선포 2. 성례의 합법적 시행입니다. 이후 개혁자들은 3. 치리의 실행(네덜란드 신앙고백 제29조)을 더해서 생각했습니다. 이 세 가지를 보며 '아, 이곳은 예수님께서 모으신 참 교회구나' 하는 사실을 확인할 수 있습니다.

# 하나님께서는 이 교회에 어떤 유익을 약속하십니까?

**답:** 그분은 그들에게 죄 용서,[1] 몸의 부활[2] 그리고 영생을[3] 약속하셨습니다.

[1] 엡 1:7 [2] 빌 3:21 [3] 마 25:46
하이델베르크 요리문답 제56–58문답
네덜란드 신앙고백 제23, 37조

### Tip 일평생 싸울 본성

하나님께서 더 이상 나의 죄와 죄악 된 본성을 기억하지 않으신다고 고백합니다(렘 31:34). 비록 우리가 일평생 싸워야 할 죄악된 본성으로 힘겹다 할지라도, 그리스도를 통한 부활 생명의 능력이 죄와 사망의 몸을 이기게 해야 합니다. 이미 주신 영원한 생명을 지금 여기서부터 누리며 살 수 있도록 교회가 여러분을 도울 것입니다.

# 당신이 이 모든 것을 믿으면, 당신에게 어떤 유익이 있습니까?

**답:** 나는 그리스도 안에서 하나님 앞에 의롭게 됩니다.[1]

[1] 롬 5:1
하이델베르크 요리문답 제59문답

---

**Tip** **칭의 선언**

칭의란, 법정에서 사용하는 용어로서, 형벌을 다 받은 사람에게 재판
장이 무죄를 선언하는 것입니다. 하지만 하나님의 칭의는 무죄 선언
을 넘어 '의롭다'고까지 선언합니다. 재판장에서 피고로 서 있는 우리
대신 예수 그리스도를 보시고 의롭다고 확정 지으십니다.

---

# 제44문

# 당신은 하나님 앞에서
# 어떻게 의로워질 수 있습니까?

**답:** 오직[1] 예수 그리스도를 향한 참된 믿음으로만[2] 가능합니다.

[1] 롬 3:28 [2] 갈 2:16
하이델베르크 요리문답 제60문답
네덜란드 신앙고백 제22조

---

**Tip 이신칭의**

우리는 오직 믿음으로 말미암아 의롭다 칭함을 받습니다. 우리 '칭의'의 모든 근거는 오직 그리스도의 공로입니다. 하나님 앞에서 그리스도의 공로 이외의 그 어떠한 것도 우리의 의와 공로가 되지 못할 뿐 아니라 인정도 받지 못합니다. 우리는 오직 믿음으로 말미암아 의롭다 칭함을 받습니다.

# 당신이 오직 믿음으로 의롭게 된다는 것은 무슨 의미입니까?

**답:** 그리스도의 완전한 속죄와[1] 의가[2] 하나님을 통해 나에게 전가되어[3] 나의 죄가 용서받게 되고, 나는 영생의 상속자가 됩니다.[4] 그리고 나는 이 유익을 다른 것이 아닌 오직 믿음으로 받게 됩니다.[5]

> [1] 고후 5:21 [2] 롬 5:19 [3] 롬 4:6 [4] 행 26:18 [5] 롬 4:5
> 하이델베르크 요리문답 제60–61문답
> 네덜란드 신앙고백 제22–23조

### Tip 오직 믿음(*sola fide*)

믿음이란 그리스도의 공로를 받아드리는 것 그 이상이 될 수 없기에, 믿음은 우리의 의와 공로가 되지 못합니다. 그리스도의 보상을 깨닫고 취하는 수단은 오직 믿음뿐입니다. 여기서 '오직'은 우리 안에서 이루어진 의로움이 아니라, 우리 밖에서 예수님이 이루신 의로움만을 바라보고 의존한다는 점을 강조합니다. 믿음은 구원의 근거가 아니라, 수단 혹은 통로라는 뜻입니다.

# 왜 우리의 선행은 하나님 앞에서 의가 되거나 그 일부가 되지 못합니까?

**답:** 왜냐하면 이 세상에서 우리의 최고의 행위들조차도 모두 불완전하며 죄로 더럽혀져 있기 때문입니다.[1]

> [1] 사 64:6
> 하이델베르크 요리문답 제62문답
> 네덜란드 신앙고백 제24조

### Tip 행위 구원

행위 구원의 핵심은 인간의 행위가 의가 되어 하나님으로부터 영생(구원)을 상급으로 받는다는 데 있습니다. 만약 인간의 행위로 구원이 가능하게 된다면 크게 네 가지 문제에 직면하게 됩니다. 첫째, 아브라함이 믿음으로 의에 이름과 불일치하게 됩니다. 둘째, 구약과 신약이 제시하는 구원의 길이 다르게 됩니다. 셋째, 모든 죄인을 위한 그리스도의 죽음은 헛된 것이 됩니다. 넷째, 그리스도께서 완전한 구주가 될 수 없게 됩니다.

# 그렇다면 우리의 선행은 아무 공로가 없습니까? 하나님께서는 이 세상과 오는 세상에서 그들에게 상 주시지 않습니까?

**답:** 그 상은[1] 공로에 의한 것이 아니라 은혜로 말미암아 주어지는 것입니다.[2]

[1] 고전 3:8  [2] 눅 17:10
하이델베르크 요리문답 제63–64문답
네덜란드 신앙고백 제24조
도르트 신경 V 12–13

### Tip 하나님의 상급

하나님께서는 이 세상과 오는 세상에서 상을 주시겠다고 약속하셨습니다(마 5:12; 히 11:6). 하나님의 상은 이미 모든 신자에게 약속된 복되고 좋은 것입니다(딤후 4:7–8). 우리가 계명에 순종하고 선한 일에 힘쓰는 것은 먼저 베풀어 주신 은혜에 대한 감사의 열매이지 경쟁해서 이기고 받는 부상을 노린 행위가 아닙니다. 상급을 위한 공로보다 훨씬 고귀한 행위입니다.

# 당신에게 믿음을 일으키시는 분은 누구십니까?

**답:** 성령님이십니다.[1]

[1] 고전 12:3
하이델베르크 요리문답 제65문답
네덜란드 신앙고백 제24조
도르트 신경 III/IV 6, 10

### Tip 성령의 내주하심

성경은 믿음으로 얻는 구원이 하나님의 선물이라고 말합니다(엡 2:8). 예수님을 주로 고백하고 시인하는 믿음은 성령님께서 주십니다(고전 12:3). 그러므로 예수님을 나의 구주로 믿는 믿음이 있다면 성령님께서 내 안에 계시는구나 안심해도 좋습니다. 구원의 확신이 흔들릴 필요가 없습니다.

# 성령님께서 무엇을 통해
# 믿음을 일으키십니까?

**답:** 설교된 말씀을 들음으로서입니다.[1]

[1] 롬 10:14, 17
하이델베르크 요리문답 제65문답
네덜란드 신앙고백 제24조
도르트 신경 III/IV 17; V 14

---

**Tip** **오직 말씀(*sola scriptura*)**

지옥에 떨어진 부자는 제발 나사로를 다시금 자기 가족들에게 보내 증언하게 해 달라고 애원합니다. 하지만 하나님은 "모세와 선지자들에게 듣지 아니하면"(눅 16:31)이라고 대답하십니다. 죽은 사람이 살아나는 기적보다 설교된 말씀과 그것을 듣는 평범한 일을 통해 하나님은 사람을 구원하시기 때문입니다. 성령님께서 설교를 통해 역사하실 때 구원 얻는 믿음을 선물 받을 수 있습니다.

# 제50문

## 그는 믿음을 어떻게 강화시키십니까?

**답:** 설교된 말씀과 성례의 사용을 통해서입니다.[1]

[1] 마 28:19
하이델베르크 요리문답 제65문답
네덜란드 신앙고백 제33조
도르트 신경 III/IV 17; V 14

---

### Tip 설교와 성례

이 둘은 예수님을 기억(Anamnesis)하는 아주 중요한 요소들입니다. 예배 시간에 선포되는 말씀과 시행되는 성례를 통해 우리는 복음을 지금 이곳에서 기억하고 기념하며 효력을 누립니다. 성령님께서 이 두 수단을 통해 역사하시기 때문에 가능합니다.

# 성례란 무엇입니까?

**답:** 성례란, 하나님께서 그리스도의 십자가에서의 단번의 제사로 말미암아, 우리에게 은혜로 죄 용서와[1] 영생 주셨음을 우리로 확신케 하기 위하여 제정하신 거룩한 표요 인입니다.[2]

[1] 행 2:38   [2] 롬 4:11
하이델베르크 요리문답 제66~67문답
네덜란드 신앙고백 제33조

## Tip 표(sign)와 인(seal)

세례와 성찬, 두 성례의 별명은 표와 인입니다(롬 4:11). 예수 그리스도를 믿는 자에게 약속된 언약의 복을 표시하고 확인 도장을 찍는 일입니다. 개신교회는 오직 두 개의 성례만(참고. 로마 가톨릭교회의 칠 성례) 인정하는데, 모두 예수님께서 직접 명령하신 것들입니다(마 28:19; 눅 22:19). 설교는 성례를 향하고 있습니다. 설교를 들은 사람의 마음속에 성령님이 믿음을 주시면 그는 중생(거듭남)합니다. 교회는 거듭난 신자에게 세례를 줍니다. 또 세례받은 성도는 들은 말씀의 확신을 성찬상에 나아가서 얻습니다. 이렇게 말씀과 성례는 서로 연결되어 있습니다.

제52문

# 그리스도께서 새 언약 안에서 제정하신 성례는 몇 가지입니까?

**답:** 두 가지, 즉 거룩한 세례와 성찬입니다.

> 하이델베르크 요리문답 제68문답
> 네덜란드 신앙고백 제33조

### Tip 두 가지 성례

주님께서 직접 제정하신 두 개뿐입니다(마 28:19; 눅 22:19). 로마 가톨릭교회는 일곱 개의 성례를 주장합니다. 세례, 견진(일종의 입교), 성체(성찬), 고해(죄용서), 병자(병고침), 성품(직분자 임직), 혼인(결혼)입니다. 모두 중요한 일이지만, 성경에 기초하고 예수님께서 친히 제정하신 성례는 오직 세례와 성찬뿐입니다.

# 세례의 증표는 무엇입니까?

**답:** 성부와 성자와 성령의 이름으로[1] 우리에게 부어지는 물입니다.[2]

---

[1] 마 28:19  [2] 행 8:36
하이델베르크 요리문답 제69문답
네덜란드 신앙고백 제34조

---

### Tip  세례 혹은 침례?

대다수의 교회는 세례(물을 뿌리거나 흘리는 방식)를 행하지만 수세자를 물속에 담궜다가 다시 올리는 침례를 행하는 교회도 있습니다(침례교 등). 어떤 방식이 옳은가 하는 논쟁은 부차적입니다. 세례 혹은 침례의 증표로 사용되는 물이 상징하는 바가 중요합니다. 물은 우리가 죄 씻음을 받고 예수님과 함께 죽고 부활한 것을 상징합니다.

# 세례를 통한 약속과 인침은 무엇입니까?

**답:** 예수 그리스도의 피와[1] 성령을[2] 통한 죄 씻음입니다.[3]

> [1] 요일 1:7 [2] 고전 6:11 [3] 행 22:16
> 하이델베르크 요리문답 제70문답
> 네덜란드 신앙고백 제34조

### Tip 실체와 표지

세례는 실체를 알려 주는 표지판(sign)입니다. 따라서 실체가 먼저 있을 때만 가치가 있습니다. 세례가 가리키는 실체는 예수님의 보혈과 성령으로 말미암은 죄 씻음입니다. 성령님의 역사 가운데 예수님을 믿고 죄 씻음 받은 사람이 세례의 표를 가질 수 있습니다. 그러나 세례를 통해 죄를 용서 받는 일은 결코 일어나지 않습니다.

# 그리스도께서는 어디에서 이것을 우리에게 약속하셨습니까?

**답:** 세례를 제정하실 때 이렇게 말씀하셨습니다: 그러므로 너희는 가서 모든 민족을 제자로 삼아 아버지와 아들과 성령의 이름으로 세례를 베풀고.[1] 믿고 세례를 받는 사람은 구원을 얻을 것이요 믿지 않는 사람은 정죄를 받으리라.[2]

[1] 마 28:19 [2] 막 16:16
하이델베르크 요리문답 제71-73문답
네덜란드 신앙고백 제34조

### Tip 은혜의 방편

은혜의 방편(The Means of Grace)은 하나님께서 은혜를 전달하시는 수단 혹은 매개라는 뜻입니다. 하나님은 자기 은혜를 주시는 방편으로 세 가지를 정하셨습니다. 1. 말씀 2. 성례 3. 기도입니다. 이 방편들을 힘써 사용할 때 우리는 그리스도의 구속의 은혜를 늘 누리며 살 수 있습니다(웨스트민스터 소요리문답 제85문답).

# 유아들 역시도 세례를 받아야 합니까?

**답:** 네,[1] 왜냐하면 어른들뿐만 아니라 유아들도 하나님의 언약과[2] 그의 교회에[3] 포함되기 때문입니다.[4]

[1] 골 2:11-12 [2] 행 2:39 [3] 고전 7:14 [4] 마 19:14
하이델베르크 요리문답 제74문답
네덜란드 신앙고백 제34조
도르트 신경 | 17

**Tip 유아세례?**

성경은 "믿고 세례를 받는 사람은 구원을 얻을 것이요"(막 16:16)라고 합니다. 이를 근거로 믿음을 고백할 수 없는 아기에게는 세례(유아세례)를 줄 수 없다고 말하는 사람들도 있습니다. 하지만 하나님의 언약은 어른뿐 아니라 아이들도 반드시 포함합니다. 수많은 성경 말씀이 이를 뒷받침합니다(창 17:10; 출 20:6; 신 29:10-15; 행 2:38-39; 16:31; 고전 7:14). 유아 세례는 오히려, 결코 스스로 믿음을 고백할 수 없는 아기에게까지 세례를 베풂으로써, 구원이 오직 하나님의 주권과 은혜로만 주어짐을 확인할 수 있는 가장 언약적인 예식입니다.

# 성찬의 가시적인 증표는 무엇입니까?

**답:** 그리스도의 고난과 죽음을 기념하기 위해 우리가 먹는 떼어진 빵과, 우리가 마시는 부어진 포도주입니다.[1]

[1] 마 26:26-28
하이델베르크 요리문답 제75문답
네덜란드 신앙고백 제35조

### Tip 잔치상 성찬

일반적으로 우리가 생각하는 성찬은 무겁고 슬픈 분위기입니다. 우리를 위해 살 찢고 피 흘리신 예수님의 죽음에 초점을 두기 때문입니다. 하지만 성찬에는 밝은 잔칫집의 분위기도 있어야 합니다. 왜냐하면 주님의 죽음은 곧 우리의 생명을 의미하며, 나아가 성찬은 앞으로 주님과 함께 먹고 마실 어린 양의 혼인 잔치를 기대하는 자리이기 때문입니다(막 14:25; 계 19:9).

# 성찬을 통한 약속과 인침은 무엇입니까?

답: 그리스도께서 우리 영혼을 그의 십자가에 달리신 몸과 흘리신 피로 먹이시고 영생에 이르도록 새롭게 하신다는 것입니다.[1]

[1] 고전 10:16
하이델베르크 요리문답 제76문답
네덜란드 신앙고백 제35조

### Tip 영혼의 양식

성경은 하나님의 말씀이 우리 영혼의 양식이라고 자주 말합니다(렘 15:16; 마 4:4; 벧전 2:2). 또한 말씀이신 예수님 자신이 우리의 양식이라고도 말합니다(요 6:48, 55). 떡과 포도주를 눈으로 보고 손으로 집고 혀로 맛보며 소화 기관으로 영양소를 얻어 몸이 실제 힘을 얻는 것처럼, 주님의 살과 피를 성찬을 통해 먹을 때 우리 영혼은 실제적인 양식을 섭취하고 성장할 수 있습니다.

# 제59문

## 그리스도께서는 이것을 우리에게 어디에서 약속하셨습니까?

**답:** 성찬 제정은 고린도전서 11:23–26에서 바울에 의해 잘 설명되고 있습니다: 주 예수께서 잡히시던 밤에 떡을 가지사 축사하시고 떼어 이르시되 이것은 너희를 위하는 내 몸이니 이것을 행하여 나를 기념하라 하시고 식후에 또한 그와 같이 잔을 가지시고 이르시되 이 잔은 내 피로 세운 새 언약이니 이것을 행하여 마실 때마다 나를 기념하라 하셨으니 너희가 이 떡을 먹으며 이 잔을 마실 때마다 주의 죽으심을 그가 오실 때까지 전하는 것이니라.[1]

> [1] 고린도전서 11:23–26
> 하이델베르크 요리문답 제77문답

### Tip 주님을 선포하는 성찬

말로 전하는 복음 전파와 더불어 한 가지 더 중요한 복음 전파의 방식은 바로 성찬입니다. 주님의 살과 피를 나누는 성찬상은 그리스도의 성육신, 고난, 십자가, 부활, 승천과 재림을 오감으로 경험하며 기억하도록 선포하는 자리입니다. 그래서 설교를 "들리는 말씀"(verba audibilia, audible word)이라 부르는 반면, 아우구스티누스(Augustinus Hipponensis, 354–430)는 성찬을 "보이는 말씀"(verba visibilia, visible word)이라고도 불렀습니다.

# 제60문

# 빵과 포도주가 그리스도의 살과 피로 변화됩니까?

**답:** 아닙니다. 세례의 물이 그리스도의 피로 변하지 않는 것과 마찬가지입니다.[1]

---

[1] 엡 5:26
하이델베르크 요리문답 제78-80문답
네덜란드 신앙고백 제33, 35조

---

**Tip** **영적 임재설**

성찬 이론에는 몇 가지가 있습니다. 로마 가톨릭교회의 화체설은 성찬의 떡과 포도주를 사제가 축성할 때 그것들이 실제 예수님의 몸과 피로 변한다는 주장입니다. 그들은 매주 제단(altar)에서 예수님을 다시금 제물로 드리는 미사를 올리기 때문에, 반드시 떡과 포도주가 예수님의 몸과 피로 변해야만 합니다. 하지만 주님은 단번에 자기를 제물로 드리셨기 때문에 다시 몸을 찢고 피를 흘릴 필요가 없습니다. 주님은 분명 '기념'(Anamnesis, 고전 11:24-25)하라고 하셨습니다. 빵과 포도주는 여전히 그 성질을 유지합니다. 하지만 성령님께서 역사하시기 때문에 우리는 실제 예수님의 살과 피에 참여하는 것입니다. 이것을 '영적 임재설'이라고 합니다(참고. 기독교강요 제4권 17장).

---

# 당신은 성찬에 참여하기 전에 무엇에 힘을 써야 합니까?

**답:** 나는 나 자신을 돌아보아야 합니다.[1] 우선, 나는 나의 죄로 인해 나 자신을 미워하고 있는지, 그래서 하나님 앞에서 나 자신을 겸손히 하고 있는지의 여부[2]. 다음으로, 나는 그리스도로 말미암아 나의 모든 죄들이 용서받았음을 확신하고 있는지의 여부[3]. 마지막으로, 나 자신이 계속해서 모든 선한 일에 신실하게 행하며 살기로 결단하고 있는지의 여부입니다.[4]

[1] 고전 11:28-29 [2] 시 51:19 [3] 고후 13:5 [4] 시 119:40
하이델베르크 요리문답 제81문답
네덜란드 신앙고백 제33, 35조

---

**Tip 성찬의 자세**

성찬은 결코 사사로이 시행되거나 참여해서도 안 됩니다. 왜냐하면 성찬은 그리스도와의 연합이요, 그를 통한 모든 은덕들의 공유요, 함께 먹고 마시는 모든 교인들과의 교제이기 때문입니다. 연합을 통한 모든 유익을 받을만한 자세가 갖춰져야 합니다. 이를 위해 성찬 전에 교회는 교인을 돌아보고, 성도 개인은 자신을 돌아보는 일이 반드시 필요합니다.

---

# 사악한 교리를 따르거나 난폭한 삶으로 이끄는 자들 역시 이 성찬에 참여하게 해도 됩니까?

**답:** 안 됩니다. 왜냐하면 그것 역시 하나님의 언약을 더럽히고,¹ 그의 진노를 온 회중에게 초래하기 때문입니다.²

¹ 시 50:16-17 ² 고전 11:29-30
하이델베르크 요리문답 제82문답
네덜란드 신앙고백 제32조

## Tip 성찬 배제

사도 바울은 합당하지 않게 성찬을 받는 사람은 죄를 짓는 것이라고 했습니다(고전 11:27). 하지만 이 말은 성찬상에 온전한 사람, 완벽한 사람만 나올 수 있다는 뜻이 아닙니다. 참되게 회개하는 자는 받아들이되 그렇지 않은 자는 배제하는 것입니다. 죄짓고 실패하는 하나님의 자녀들은 더욱 힘써 성찬상에 나와야 합니다. 그래야 주님께서 주시는 양식으로 힘을 얻고 세상에서 승리할 수 있기 때문입니다.

# 그렇다면 우리는 그러한 사람들을 어떻게 대해야 합니까?

**답:** 마태복음 18:15-17에서와 같이 그리스도의 명령에 따라야 합니다: 네 형제가 죄를 범하거든 가서 너와 그 사람과만 상대하여 권고하라 만일 들으면 네가 네 형제를 얻은 것이요 만일 듣지 않거든 한두 사람을 데리고 가서 두세 증인의 입으로 말마다 확증하게 하라 만일 그들의 말도 듣지 않거든 교회에 말하고 교회의 말도 듣지 않거든 이방인과 세리와 같이 여기라.[1]

[1] 마 18:15-17
하이델베르크 요리문답 제83-85문답
네덜란드 신앙고백 제32조

**Tip** **천국의 열쇠**

예수님은 천국의 문을 열고 닫는 열쇠를 교회에 맡기셨습니다. 그래서 교회는 복음 선포와 치리를 통해 천국 문을 움직입니다. 이 땅에 세워진 교회에서 복음을 듣고 믿으면, 하늘나라 문이 열리고 들어갈 수 있습니다. 반면 범죄하는 자에게 교회가 권면하고 벌을 주었음에도 회개하지 않는다면, 교회는 그를 성찬 자리 밖에 두거나 출교합니다. 이 경우 천국에서도 제외된다는 무서운 사실을 기억해야 합니다. 천국을 여닫는 열쇠가 교회에 있습니다. 물론 진실하게 회개하는 자를 교회는 다시 받아들이길 기뻐해야 합니다.

제3부

■

# 우리의
# 감사에
# 관하여

Kort hearn

# 지금 우리가 오직 그리스도의 은혜로 말미암아 구원을 받는다면, 왜 당신은 여전히 선행을 행해야만 합니까?

**답:** 선행으로 그리스도께서 성취하신[1] 천국을 얻을 수 있어서가 아니라,[2] 하나님께서 나에게 선행을 명령하셨기 때문에 행합니다.[3]

[1] 벧전 3:18 [2] 엡 2:8 [3] 빌 4:8
하이델베르크 요리문답 제86문답
네덜란드 신앙고백 제24-25조
도르트 신경 l 9, 12, 13

### Tip 오직 은혜(*sola gratia*)

'오직 은혜'는, 우리가 죄를 용서받고 의롭다 함을 얻는 것은 결코 우리의 공로가 아니라 오직 하나님의 전적인 은혜임을 강조합니다. 은혜와 반대되는 말이 행위 혹은 공로입니다. 구원의 조건으로서는 어떤 행위(공로)도 하나님 앞에서 효력이 없습니다. 하지만 은혜를 받은 사람에게는 그에 대한 감사의 반응이 자연스럽게 일어납니다. 하나님의 말씀을 순종하여 선을 행하며, 착한 일에 힘씁니다(고후 9:8; 갈 6:10; 딤전 1:19).

# 그렇다면 당신의 선행은 무엇을 위한 것입니까?

**답:** 나의 선행을 통해, 나는 하나님의 모든 은덕에 나의 감사를 나타내고, 그는 나로 말미암아 찬양을 받으십니다.[1] 게다가 선행은 나의 믿음의 열매들이 되며 나로 믿음의 참됨을 확신케 합니다.[2] 그리고 마침내 나의 이웃을 교화시켜 그리스도에게로 인도할 수 있게 합니다.[3]

[1] 마 5:16 [2] 마 7:17-18 [3] 벧전 2:12
하이델베르크 요리문답 제86문답
네덜란드 신앙고백 제24조
도르트 신경 I 12; V 12, 13

### Tip 소망의 이유

베드로는 "너희 속에 있는 소망에 관한 이유를 묻는 자에게는 대답할 것을 항상 준비"하라고 했습니다(벧전 3:15). 불신자들에게 복음을 설명할 수 있는 지식을 준비하라는 의미입니다. 동시에 이 말은 우리의 선행을 격려합니다. 이웃을 향한 가장 큰 축복은 그리스도를 소개하는 것입니다. 우리의 선한 행실을 보고 하나님께 영광 돌리는 변화를 기대하며 선행에 힘씁시다(벧전 2:15).

# 어떠한 선행도 하지 않는 자 역시
# 구원받을 수 있습니까?

**답:** 없습니다.[1] 왜냐하면 성경은 음행하는 자나 우상 숭배하는 자나 간음하는 자나 탐색하는 자나 남색하는 자나 도적이나 탐욕을 부리는 자나 술 취하는 자나 모욕하는 자나 속여 빼앗는 자나 그와 같은 죄인들은 그들이 스스로 회심하지 않고서는 하나님의 나라를 유업으로 받지 못하리라.[2] 말하고 있기 때문입니다.

[1] 마 3:10 [2] 고전 6:9–10
하이델베르크 요리문답 제87문답; 도르트 신경 I 13

### Tip 신행일치

우리는 성경을 전반적으로 조화를 이루면서 읽어야만 합니다. 우리 믿음과 삶의 표준이 오직 성경(*sola scriptura*) 뿐이라면 그 내용은 전체 성경(*tota scriptura*)이 되어야 합니다. 성경은 우리의 행위로 의롭다 함을 얻을 수 없다고 말하는 동시에 의롭다 함을 얻는 믿음은 반드시 선행의 열매를 맺는다는 점을 강조합니다. 야고보는 이런 행함이 없는 믿음은 죽은 믿음이라고 했습니다(약 2:26). 이 둘은 결코 대립하거나 혹은 성경이 일관성 없이 짜깁기되었기 때문에 나타난 현상이 아닙니다. 믿음으로 의를 얻고 행함으로 의를 증명하는 신자의 삶이 되어야겠습니다.

제67문

# 인간의 회심은 무엇입니까?

**답:** 죄에 대해 진심으로 회개하고[1] 죄로부터 떠나는 것입니다.[2] 동시에 선한 일 행하기를 기뻐하는 것입니다.[3]

[1] 렘 31:19 [2] 롬 6:13 [3] 롬 7:22
하이델베르크 요리문답 제88-90문답
네덜란드 신앙고백 제24조
도르트 신경 V 7, 12, 13


**Tip** **회심의 두 측면**

회심에는 두 가지 측면이 있습니다. 먼저 회심의 소극적 측면은 옛사람을 죽이는 것입니다. 죄를 미워하고 슬퍼하며 피하는 삶입니다. 이어서 회심의 적극적 측면은 새사람으로 사는 것입니다. 하나님을 즐거워하고 하나님의 뜻을 따라 행하기(선행)를 기뻐하는 삶입니다.

# 선행이란 무엇입니까?

**답:** 선행이란, 사람의 규례나[1] 우리 자신의 판단에 근거하지
않고[2], 오직 참된 믿음으로[3] 하나님의 율법과[4] 오직 그
의 영광을 위하여 행하는 것입니다.[5]

---

[1] 마 15:9 [2] 골 2:23 [3] 롬 14:23 [4] 엡 2:10 [5] 고전 10:31
하이델베르크 요리문답 제91-113문답
네덜란드 신앙고백 제24조
도르트 신경 | 9

**Tip** 진정한 선행

예수 그리스도를 믿어 의롭게 된 우리에게 기대하시는 선행은 다음
과 같습니다. 선행의 동기는 오직 믿음에 기인해야 합니다. 안타깝지
만, 불신자의 선행은 하나님께서 기대하는 선행이 아닙니다. 선행의
규범은 하나님의 율법입니다. 우리 양심과 사회 윤리, 세상 법이 장려
하는 것들을 넘어 율법이 명하는 것을 행할 때 참 선행입니다. 그리고
선행의 목적은 하나님의 영광입니다. 사람의 창조와 구속의 목적이
오직 하나님을 영화롭게 하는 것이기 때문입니다.

# 하나님께 돌이킨 자는 하나님의 율법을 성취할 수 있습니까?

**답:** 결코 그럴 수 없습니다.[1] 왜냐하면 그들은 굳은 의지로 하나님의 계명들의 일부만이 아니라 모든 계명에 따라 살기 시작해야 하기 때문이며,[2] 이 세상에서 가장 거룩한 사람일지라도 이 순종의 작은 시작에 지나지 않기 때문입니다.[3] 그렇기 때문에 그는 매일매일 더 많이 순종할 수 있도록 주께 끊임없이 기도해야 합니다.[4]

[1] 요일 1:8 [2] 빌 3:12-14 [3] 롬 7:14-15, 22 [4] 시 119:4-5
하이델베르크 요리문답 제114-116문답
네덜란드 신앙고백 제24조
도르트 신경 I 16; V 1-5, 12-13

### Tip 율법의 역할

율법은 사람들을 그리스도께로 인도하며, 죄를 깨닫게 하고(롬 3:20), 저주를 발견케 하고(갈 3:10), 죄된 양심을 깨우쳐 미래의 진노를 보여 주는 초등 교사의 역할(갈 3:24)을 감당합니다. 즉 율법은 그리스도인의 예배와 삶의 규범이 됩니다.

# 우리는 누구에게 기도해야 합니까?

**답:** 우리는 피조물 중 어느 하나가 아닌, 우리를 도울 수 있고[1]
예수 그리스도의 간구를 들으실[2] 오직 하나님께만[3] 기도
해야 합니다.

[1] 엡 3:20 [2] 요 15:7 [3] 마 4:10
하이델베르크 요리문답 제116–117문답
네덜란드 신앙고백 제13, 26조

---

**Tip** **하늘에 계신 우리 아버지**

주기도문 첫 문장은 기도의 서문입니다. 우리는 세상의 다른 신을
향해 구하지 않고 하나님께 기도해야 합니다. 그런데 그냥 하나님이
아니라 '우리 아버지'입니다. 자녀의 기도에 귀를 쫑긋 세우고 들은
다음 응답하려는 분입니다. 동시에 그분은 하늘에 계십니다. 그분은
하늘과 땅과 그 안에 있는 모든 것을 만드신 전능한 분입니다. 그래
서 얼마든지 우리 기도에 응답할 수 있는 능력이 있습니다. 우리가
누구에게 기도하는지를 알면 확신과 기쁨, 기대 가운데 간구할 수
있습니다.

---

# 우리는 누구의 이름으로 하나님께 기도해야 합니까?

**답:** 오직 그리스도의 이름으로[1] 하고 다른 성인들 중 한 사람의 이름으로 해서는 안 됩니다.[2]

[1] 요 16:23 [2] 사 63:16
하이델베르크 요리문답 제116-117문답
네덜란드 신앙고백 제26조

**Tip** 예수님 이름의 권세

중세 교회 성도들은 늘 자신의 의가 부족하다고 생각했습니다. 나보다 훨씬 거룩하고 의로운 성인(聖人)들의 남은 공로를 받기 원했습니다. 기도할 때도 공덕이 많은 성인들의 이름을 부르며 도와 달라고 했습니다. 하지만 우리 구원의 중보자뿐 아니라 우리 기도의 중보자도 예수님뿐입니다. 예수님은 지금 하늘 보좌 우편에 보혜사로 계시면서 자기 형제·자매들(요 20:17)의 기도를 받아 아버지께 간구하고 계십니다(롬 8:34). 예수님의 이름으로 기도하는 이유가 여기에 있습니다.

# 우리는 하나님께 무엇을 기도해야 합니까?

**답:** 그리스도 주께서 친히 우리에게 가르쳐 주신 그 기도에 잘 요약되어 있듯이, 우리 몸과[1] 영혼에[2] 필요한 모든 것을 위해 기도해야 합니다.

[1] 잠 30:8-9 [2] 약 1:5
하이델베르크 요리문답 제118문답

**Tip** 응답받는 기도의 비결!

하나님께서 받으시는 선행이 있듯이 하나님께서 응답하시는 기도 역시 따로 있습니다. 바로 하나님께서 구하라고 명하신 것을 구하는 기도입니다. 주님께서는 우리가 무엇을 구해야 할지 주기도를 통해 이미 잘 가르쳐 주셨습니다. 하나님과 관련한 기도 3항, 우리와 관련한 기도 3항으로 이뤄진 이 기도문은 우리 몸과 영혼에 필요한 모든 것을 아우르는 기도 제목들입니다.

# 이 기도의 내용은 무엇입니까?

**답:** 하늘에 계신 우리 아버지여 이름이 거룩히 여김을 받으시오며 나라가 임하시오며 뜻이 하늘에서 이루어진 것 같이 땅에서도 이루어지이다. 오늘 우리에게 일용할 양식을 주시옵고 우리가 우리에게 죄지은 자를 사하여 준 것 같이 우리 죄를 사하여 주시옵고 우리를 시험에 들게 하지 마시옵고 다만 악에서 구하시옵소서. 나라와 권세와 영광이 아버지께 영원히 있사옵나이다. 아멘.[1]

[1] 마태복음 6:9-13
하이델베르크 요리문답 제119문답

---

**Tip** **주기도의 구조**

주기도는 서언, 간구, 그리고 결론 세 부분으로 나뉩니다. 서언은 "하늘에 계신 우리 아버지여"입니다. 이후 여섯 간구는 "이름이"부터 "다만 악에서 구하시옵소서"까지입니다. 그리고 마지막 "나라와 권세와 영광이 아버지께 영원히 있사옵나이다. 아멘"은 결론입니다.

# 제74문

# 당신은 이 기도에서
# 하나님께 무엇을 간구합니까?

**답:** 첫째로, 하나님의 영광을 도모하는 모든 것과 그의 영광을 저해하거나 그의 뜻에 반하는 모든 것 거부하기를 간구합니다. 둘째로, 그가 나의 육체에 필요한 모든 것을 내게 공급하시고, 나의 구원에 해로울 수 있는 모든 악으로부터 나를 지켜 주시기를 간구합니다.

▌ 하이델베르크 요리문답 제120-129문답


### Tip 하나님 간구, 우리 간구

주기도의 첫 번째 부분은 '하나님 간구'라 불립니다. 하나님의 이름과 하나님의 나라 그리고 하나님의 뜻을 구하는 기도입니다. 두 번째 부분은 '우리 간구'입니다. 우리의 양식과 우리의 죄 사함, 그리고 우리가 빠지는 시험과 악을 대적하는 기도입니다. 계명과 마찬가지로 기도 역시 하나님 사랑과 이웃 사랑 두 축을 갖고 있습니다.

# 부록

◼

성경 증거 구절
하이델베르크 요리문답
네덜란드 신앙고백
도르트 신경

성경 증거 구절

## 제1문답

¹ **요일 1:8** 만일 우리가 죄가 없다고 말하면 스스로 속이고 또 진리가 우리 속에 있지 아니할 것이요

² **요 17:3** 영생은 곧 유일하신 참 하나님과 그가 보내신 자 예수 그리스도를 아는 것이니이다

³ **롬 6:13** 또한 너희 지체를 불의의 무기로 죄에게 내주지 말고 오직 너희 자신을 죽은 자 가운데서 다시 살아난 자 같이 하나님께 드리며 너희 지체를 의의 무기로 하나님께 드리라;

※ 참고. **엡 5:8** 너희가 전에는 어둠이더니 이제는 주 안에서 빛이라 빛의 자녀들처럼 행하라

## 제2문답

¹ **롬 3:20** 그러므로 율법의 행위로 그의 앞에 의롭다 하심을 얻을 육체가 없나니 율법으로는 죄를 깨달음이니라

## 제3문답

¹ **신 5:6–21** ⁶ 나는 너를 애굽 땅, 종 되었던 집에서 인도하여 낸 네 하나님 여호와라 ⁷ 나 외에는 다른 신들을 네게 두지 말지니라 ⁸ 너는 자기를 위하여 새긴 우상을 만들지 말고 위로 하늘에 있는 것이나 아래로 땅에 있는 것이나 땅밑 물 속에 있는 것의

어떤 형상도 만들지 말며 <sup>9</sup> 그것들에게 절하지 말며 그것들을 섬기지 말라 나 네 하나님 여호와는 질투하는 하나님인즉 나를 미워하는 자의 죄를 갚되 아버지로부터 아들에게로 삼사 대까지 이르게 하거니와 <sup>10</sup> 나를 사랑하고 내 계명을 지키는 자에게는 천 대까지 은혜를 베푸느니라 <sup>11</sup> 너는 네 하나님 여호와의 이름을 망령되이 일컫지 말라 나 여호와는 내 이름을 망령되이 일컫는 자를 죄 없는 줄로 인정하지 아니하리라 <sup>12</sup> 네 하나님 여호와가 네게 명령한 대로 안식일을 지켜 거룩하게 하라 <sup>13</sup> 엿새 동안은 힘써 네 모든 일을 행할 것이나 <sup>14</sup> 일곱째 날은 네 하나님 여호와의 안식일인즉 너나 네 아들이나 네 딸이나 네 남종이나 네 여종이나 네 소나 네 나귀나 네 모든 가축이나 네 문 안에 유하는 객이라도 아무 일도 하지 못하게 하고 네 남종이나 네 여종에게 너 같이 안식하게 할지니라 <sup>15</sup> 너는 기억하라 네가 애굽 땅에서 종이 되었더니 네 하나님 여호와가 강한 손과 편 팔로 거기서 너를 인도하여 내었나니 그러므로 네 하나님 여호와가 네게 명령하여 안식일을 지키라 하느니라 <sup>16</sup> 너는 네 하나님 여호와께서 명령한 대로 네 부모를 공경하라 그리하면 네 하나님 여호와가 네게 준 땅에서 네 생명이 길고 복을 누리리라 <sup>17</sup> 살인하지 말지니라 <sup>18</sup> 간음하지 말지니라 <sup>19</sup> 도둑질 하지 말지니라 <sup>20</sup> 네 이웃에 대하여 거짓 증거하지 말지니라 <sup>21</sup> 네 이웃의 아내를 탐내지 말지니라 네 이웃의 집이나 그의 밭이나 그의 남종이나 그의 여종이나 그의 소나 그의 나귀나 네 이웃의 모든 소유를 탐내지 말지니라

## 제4문답

<sup>1</sup> **출 31:18** 여호와께서 시내 산 위에서 모세에게 이르시기를 마치신 때에 증거판 둘을 모세에게 주시니 이는 돌판이요 하나님이 친히 쓰신 것이더라

## 제5문답

**1** 신 10:12  이스라엘아 네 하나님 여호와께서 네게 요구하시는 것이 무엇이냐 곧 네 하나님 여호와를 경외하여 그의 모든 도를 행하고 그를 사랑하며 마음을 다하고 뜻을 다하여 네 하나님 여호와를 섬기고

**2** 마 22:37-38  [37] 예수께서 이르시되 네 마음을 다하고 목숨을 다하고 뜻을 다하여 주 너의 하나님을 사랑하라 하셨으니 [38] 이것이 크고 첫째 되는 계명이요

## 제6문답

**1** 레 19:18  원수를 갚지 말며 동포를 원망하지 말며 네 이웃 사랑하기를 네 자신과 같이 사랑하라 나는 여호와이니라

**2** 마 22:39-40  [39] 둘째도 그와 같으니 네 이웃을 네 자신 같이 사랑하라 하셨으니 [40] 이 두 계명이 온 율법과 선지자의 강령이니라

## 제7문답

**1** 3:10, 12  [10] 기록된 바 의인은 없나니 하나도 없으며 [12] 다 치우쳐 함께 무익하게 되고 선을 행하는 자는 없나니 하나도 없도다

**2** 롬 8:7  육신의 생각은 하나님과 원수가 되나니 이는 하나님의 법에 굴복하지 아니할 뿐 아니라 할 수도 없음이라

**3** 딛 3:3  우리도 전에는 어리석은 자요 순종하지 아니한 자요 속은 자요 여러 가지 정욕과 행락에 종 노릇 한 자요 악독과 투기를 일삼은 자요 가증스러운 자요 피차 미워한 자였으나

**4** 창 6:5  여호와께서 사람의 죄악이 세상에 가득함과 그의 마음으로 생각하는 모든 계획이 항상 악할 뿐임을 보시고

**5** 약 3:8  혀는 능히 길들일 사람이 없나니 쉬지 아니하는 악이요 죽이는 독이 가득한 것이라

**6** 요 3:19  그 정죄는 이것이니 곧 빛이 세상에 왔으되 사람들이 자기 행위가 악하므로 빛보다 어둠을 더 사랑한 것이니라

## 제8문답

¹ **욥 34:10** 그러므로 너희 총명한 자들아 내 말을 들으라 하나님은 악을 행하지 아니하시며 전능자는 결코 불의를 행하지 아니하시고

² **골 3:10** 새 사람을 입었으니 이는 자기를 창조하신 이의 형상을 따라 지식에까지 새롭게 하심을 입은 자니라

³ **창 1:27** 하나님이 자기 형상 곧 하나님의 형상대로 사람을 창조하시되 남자와 여자를 창조하시고

⁴ **창 1:31** 하나님이 지으신 그 모든 것을 보시니 보시기에 심히 좋았더라 저녁이 되고 아침이 되니 이는 여섯째 날이니라

⁵ **엡 4:24** 하나님을 따라 의와 진리의 거룩함으로 지으심을 받은 새 사람을 입으라

## 제9문답

¹ **롬 5:19** 한 사람이 순종하지 아니함으로 많은 사람이 죄인 된 것 같이 한 사람이 순종하심으로 많은 사람이 의인이 되리라

² **요 3:6** 육으로 난 것은 육이요 영으로 난 것은 영이니

³ **롬 3:23** 모든 사람이 죄를 범하였으매 하나님의 영광에 이르지 못하더니

⁴ **시 51:7** 우슬초로 나를 정결하게 하소서 내가 정하리이다 나의 죄를 씻어 주소서 내가 눈보다 희리이다

## 제10문답

¹ **창 2:16-17** ¹⁶ 여호와 하나님이 그 사람에게 명하여 이르시되 동산 각종 나무의 열매는 네가 임의로 먹되 ¹⁷ 선악을 알게 하는 나무의 열매는 먹지 말라 네가 먹는 날에는 반드시 죽으리라 하시니라

² **창 3:6** 여자가 그 나무를 본즉 먹음직도 하고 보암직도 하고 지혜롭게 할 만큼 탐스럽기도 한 나무인지라 여자가 그 열매를 따 먹고 자기와 함께 있는 남편에게도 주매 그도 먹은지라

## 제11문답

**1** 행 17:26  인류의 모든 족속을 한 혈통으로 만드사 온 땅에 살게 하시고 그들의 연대를 정하시며 거주의 경계를 한정하셨으니

**2** 롬 5:12, 18-19  <sup>12</sup> 그러므로 한 사람으로 말미암아 죄가 세상에 들어오고 죄로 말미암아 사망이 들어왔나니 이와 같이 모든 사람이 죄를 지었으므로 사망이 모든 사람에게 이르렀느니라 <sup>18</sup> 그런즉 한 범죄로 많은 사람이 정죄에 이른 것 같이 한 의로운 행위로 말미암아 많은 사람이 의롭다 하심을 받아 생명에 이르렀느니라 <sup>19</sup> 한 사람이 순종하지 아니함으로 많은 사람이 죄인 된 것 같이 한 사람이 순종하심으로 많은 사람이 의인이 되리라

## 제12문답

**1** 렘 13:23  구스인이 그의 피부를, 표범이 그의 반점을 변하게 할 수 있느냐 할 수 있을진대 악에 익숙한 너희도 선을 행할 수 있으리라

**2** 요 3:5-6  <sup>5</sup> 예수께서 대답하시되 진실로 진실로 네게 이르노니 사람이 물과 성령으로 나지 아니하면 하나님의 나라에 들어갈 수 없느니라 <sup>6</sup> 육으로 난 것은 육이요 영으로 난 것은 영이니

## 제13문답

**1** 롬 1:18  하나님의 진노가 불의로 진리를 막는 사람들의 모든 경건하지 않음과 불의에 대하여 하늘로부터 나타나나니

**2** 시 7:12  사람이 회개하지 아니하면 그가 그의 칼을 가심이여 그의 활을 이미 당기어 예비하셨도다

**3** 살후 1:9  이런 자들은 주의 얼굴과 그의 힘의 영광을 떠나 영원한 멸망의 형벌을 받으리로다

**4** 갈 3:10  무릇 율법 행위에 속한 자들은 저주 아래에 있나니 기록된 바 누구든지 율법 책에 기록된 대로 모든 일을 항상 행하지

아니하는 자는 저주 아래에 있는 자라 하였음이라

## 제14문답

1 **마 1:23**  보라 처녀가 잉태하여 아들을 낳을 것이요 그의 이름은 임마누엘이라 하리라 하셨으니 이를 번역한즉 하나님이 우리와 함께 계시다 함이라

2 **렘 23:5-6**  5 여호와의 말씀이니라 보라 때가 이르리니 내가 다 윗에게 한 의로운 가지를 일으킬 것이라 그가 왕이 되어 지혜롭게 다스리며 세상에서 정의와 공의를 행할 것이며 6 그의 날에 유다는 구원을 받겠고 이스라엘은 평안히 살 것이며 그의 이름은 여호와 우리의 공의라 일컬음을 받으리라

3 **고전 15:21**  사망이 한 사람으로 말미암았으니 죽은 자의 부활도 한 사람으로 말미암는도다

4 **히 7:26**  이러한 대제사장은 우리에게 합당하니 거룩하고 악이 없고 더러움이 없고 죄인에게서 떠나 계시고 하늘보다 높이 되신 이라

## 제15문답

1 **요 1:1**  태초에 말씀이 계시니라 이 말씀이 하나님과 함께 계셨으니 이 말씀은 곧 하나님이시니라

2 **히 2:14**  자녀들은 혈과 육에 속하였으매 그도 또한 같은 모양으로 혈과 육을 함께 지니심은 죽음을 통하여 죽음의 세력을 잡은 자 곧 마귀를 멸하시며

3 **딤전 2:5**  하나님은 한 분이시요 또 하나님과 사람 사이에 중보자도 한 분이시니 곧 사람이신 그리스도 예수라

## 제16문답

1 **욥 15:14**  사람이 어찌 깨끗하겠느냐 여인에게서 난 자가 어찌 의롭겠느냐

² 요 14:6  예수께서 이르시되 내가 곧 길이요 진리요 생명이니 나로 말미암지 않고는 아버지께로 올 자가 없느니라

## 제17문답

¹ 히 1:14  모든 천사들은 섬기는 영으로서 구원 받을 상속자들을 위하여 섬기라고 보내심이 아니냐

## 제18문답

¹ 마 22:14  청함을 받은 자는 많되 택함을 입은 자는 적으니라

² 요 3:36  아들을 믿는 자에게는 영생이 있고 아들에게 순종하지 아니하는 자는 영생을 보지 못하고 도리어 하나님의 진노가 그 위에 머물러 있느니라

³ 요 1:12  영접하는 자 곧 그 이름을 믿는 자들에게는 하나님의 자녀가 되는 권세를 주셨으니

⁴ 요 3:16  하나님이 세상을 이처럼 사랑하사 독생자를 주셨으니 이는 그를 믿는 자마다 멸망하지 않고 영생을 얻게 하려 하심이라

## 제19문답

¹ 롬 1:16-17  ¹⁶ 내가 복음을 부끄러워하지 아니하노니 이 복음은 모든 믿는 자에게 구원을 주시는 하나님의 능력이 됨이라 먼저는 유대인에게요 그리고 헬라인에게로다 ¹⁷ 복음에는 하나님의 의가 나타나서 믿음으로 믿음에 이르게 하나니 기록된 바 오직 의인은 믿음으로 말미암아 살리라 함과 같으니라

² 히 11:1  믿음은 바라는 것들의 실상이요 보이지 않는 것들의 증거니

³ 엡 3:12  우리가 그 안에서 그를 믿음으로 말미암아 담대함과 확신을 가지고 하나님께 나아감을 얻느니라

## 제21문답

**¹ 신 6:4** 이스라엘아 들으라 우리 하나님 여호와는 오직 유일한 여호와이시니

## 제22문답

**¹ 딤후 3:16** 모든 성경은 하나님의 감동으로 된 것으로 교훈과 책 망과 바르게 함과 의로 교육하기에 유익하니

**² 고후 13:13** 주 예수 그리스도의 은혜와 하나님의 사랑과 성령의 교통하심이 너희 무리와 함께 있을지어다

**마 28:19** 그러므로 너희는 가서 모든 민족을 제자로 삼아 아버지 와 아들과 성령의 이름으로 세례를 베풀고

## 제23문답

**¹ 요 17:1, 5** ¹ 예수께서 이 말씀을 하시고 눈을 들어 하늘을 우러러 이르시되 아버지여 때가 이르렀사오니 아들을 영화롭게 하사 아들로 아버지를 영화롭게 하게 하옵소서; ⁵ 아버지여 창세 전 에 내가 아버지와 함께 가졌던 영화로써 지금도 아버지와 함께 나를 영화롭게 하옵소서

**² 창 1:1** 태초에 하나님이 천지를 창조하시니라

**³ 히 11:3** 믿음으로 모든 세계가 하나님의 말씀으로 지어진 줄을 우리가 아나니 보이는 것은 나타난 것으로 말미암아 된 것이 아 니니라

**⁴ 시 33:9** 그가 말씀하시매 이루어졌으며 명령하시매 견고히 섰도다

**⁵ 시 145:15–16** ¹⁵ 모든 사람의 눈이 주를 앙망하오니 주는 때를 따 라 그들에게 먹을 것을 주시며 ¹⁶ 손을 펴사 모든 생물의 소원을 만족하게 하시나이다

**⁶ 엡 1:5** 그 기쁘신 뜻대로 우리를 예정하사 예수 그리스도로 말미 암아 자기의 아들들이 되게 하셨으니

## 제24문답

¹ **요 5:26** 아버지께서 자기 속에 생명이 있음 같이 아들에게도 생명을 주어 그 속에 있게 하셨고

² **잠 8:23** 만세 전부터, 태초부터, 땅이 생기기 전부터 내가 세움을 받았나니

³ **요 1:18** 본래 하나님을 본 사람이 없으되 아버지 품 속에 있는 독생하신 하나님이 나타내셨느니라

⁴ **히 1:5** 하나님께서 어느 때에 천사 중 누구에게 너는 내 아들이라 오늘 내가 너를 낳았다 하셨으며 또 다시 나는 그에게 아버지가 되고 그는 내게 아들이 되리라 하셨느냐

⁵ **빌 2:6** 그는 근본 하나님의 본체시나 하나님과 동등됨을 취할 것으로 여기지 아니하시고

## 제25문답

¹ **요 4:2-3** ²예수께서 친히 세례를 베푸신 것이 아니요 제자들이 베푼 것이라 ³ 유대를 떠나사 다시 갈릴리로 가실새

² **눅 1:35** 천사가 대답하여 이르되 성령이 네게 임하시고 지극히 높으신 이의 능력이 너를 덮으시리니 이러므로 나실 바 거룩한 이는 하나님의 아들이라 일컬어지리라

## 제26문답

¹ **요 1:14** 말씀이 육신이 되어 우리 가운데 거하시매 우리가 그의 영광을 보니 아버지의 독생자의 영광이요 은혜와 진리가 충만하더라

## 제27문답

¹ **빌 2:6-7** ⁶ 그는 근본 하나님의 본체시나 하나님과 동등됨을 취할 것으로 여기지 아니하시고 ⁷ 오히려 자기를 비워 종의 형체를 가지사 사람들과 같이 되셨고

² **롬 9:5** 조상들도 그들의 것이요 육신으로 하면 그리스도가 그들

에게서 나셨으니 그는 만물 위에 계셔서 세세에 찬양을 받으실 하나님이시니라 아멘

## 제28문답

**1 마 1:18, 20** [18] 예수 그리스도의 나심은 이러하니라 그의 어머니 마리아가 요셉과 약혼하고 동거하기 전에 성령으로 잉태된 것이 나타났더니 [20] 이 일을 생각할 때에 주의 사자가 현몽하여 이르되 다윗의 자손 요셉아 네 아내 마리아 데려오기를 무서워하지 말라 그에게 잉태된 자는 성령으로 된 것이라

**2 눅 1:30-31** [30] 천사가 이르되 마리아여 무서워하지 말라 네가 하나님께 은혜를 입었느니라 [31] 보라 네가 잉태하여 아들을 낳으리니 그 이름을 예수라 하라

**3 빌 2:7** 오히려 자기를 비워 종의 형체를 가지사 사람들과 같이 되셨고

**4 히 2:17** 그러므로 그가 범사에 형제들과 같이 되심이 마땅하도다 이는 하나님의 일에 자비하고 신실한 대제사장이 되어 백성의 죄를 속량하려 하심이라

**히 4:15** 우리에게 있는 대제사장은 우리의 연약함을 동정하지 못하실 이가 아니요 모든 일에 우리와 똑같이 시험을 받으신 이로되 죄는 없으시니라

## 제29문답

**1 마 1:21** 아들을 낳으리니 이름을 예수라 하라 이는 그가 자기 백성을 그들의 죄에서 구원할 자이심이라 하니라

## 제30문답

**1 요 14:6** 예수께서 이르시되 내가 곧 길이요 진리요 생명이니 나로 말미암지 않고는 아버지께로 올 자가 없느니라

**2 행 4:12** 다른 이로써는 구원을 받을 수 없나니 천하 사람 중에 구원

을 받을 만한 다른 이름을 우리에게 주신 일이 없음이라 하였더라

## 제31문답

[1] **요 1:42** 데리고 예수께로 오니 예수께서 보시고 이르시되 네가 요한의 아들 시몬이니 장차 게바라 하리라 하시니라 (게바는 번역하면 베드로라)

[2] **행 10:38** 하나님이 나사렛 예수에게 성령과 능력을 기름 붓듯 하셨으매 그가 두루 다니시며 선한 일을 행하시고 마귀에게 눌린 모든 사람을 고치셨으니 이는 하나님이 함께 하셨음이라

[3] **행 3:22** 모세가 말하되 주 하나님이 너희를 위하여 너희 형제 가운데서 나 같은 선지자 하나를 세울 것이니 너희가 무엇이든지 그의 모든 말을 들을 것이라

[4] **시 110:4** 여호와는 맹세하고 변하지 아니하시리라 이르시기를 너는 멜기세덱의 서열을 따라 영원한 제사장이라 하셨도다

[5] **눅 1:32-33** [32] 그가 큰 자가 되고 지극히 높으신 이의 아들이라 일컬어질 것이요 주 하나님께서 그 조상 다윗의 왕위를 그에게 주시리니 [33] 영원히 야곱의 집을 왕으로 다스리실 것이며 그 나라가 무궁하리라

## 제32문답

[1] **마 20:28** 인자가 온 것은 섬김을 받으려 함이 아니라 도리어 섬기려 하고 자기 목숨을 많은 사람의 대속물로 주려 함이니라

[2] **벧전 3:18** 그리스도께서도 단번에 죄를 위하여 죽으사 의인으로서 불의한 자를 대신하셨으니 이는 우리를 하나님 앞으로 인도하려 하심이라 육체로는 죽임을 당하시고 영으로는 살리심을 받으셨으니

[3] **막 15:25** 때가 제삼시가 되어 십자가에 못 박으니라

[4] **고전 15:3** 내가 받은 것을 먼저 너희에게 전하였노니 이는 성경대로 그리스도께서 우리 죄를 위하여 죽으시고

[5] **고전 15:4** 장사 지낸 바 되셨다가 성경대로 사흘 만에 다시 살아나사

[6] **마 27:46** 제구시쯤에 예수께서 크게 소리 질러 이르시되 엘리 엘리 라마 사박다니 하시니 이는 곧 나의 하나님, 나의 하나님, 어찌하여 나를 버리셨나이까 하는 뜻이라

[7] **갈 3:13** 그리스도께서 우리를 위하여 저주를 받은 바 되사 율법의 저주에서 우리를 속량하셨으니 기록된 바 나무에 달린 자마다 저주 아래에 있는 자라 하였음이라

[8] **빌 2:8** 사람의 모양으로 나타나사 자기를 낮추시고 죽기까지 복종하셨으니 곧 십자가에 죽으심이라

## 제33문답

[1] **마 26:38** 이에 말씀하시되 내 마음이 매우 고민하여 죽게 되었으니 너희는 여기 머물러 나와 함께 깨어 있으라 하시고

[2] **벧전 2:24** 친히 나무에 달려 그 몸으로 우리 죄를 담당하셨으니 이는 우리로 죄에 대하여 죽고 의에 대하여 살게 하심이라 그가 채찍에 맞음으로 너희는 나음을 얻었나니

## 제34문답

[1] **롬 1:4** 성결의 영으로는 죽은 자들 가운데서 부활하사 능력으로 하나님의 아들로 선포되셨으니 곧 우리 주 예수 그리스도시니라

[2] **나 1:6** 누가 능히 그의 분노 앞에 서며 누가 능히 그의 진노를 감당하랴 그의 진노가 불처럼 쏟아지니 그로 말미암아 바위들이 깨지는도다

[3] **요일 1:7** 그가 빛 가운데 계신 것 같이 우리도 빛 가운데 행하면 우리가 서로 사귐이 있고 그 아들 예수의 피가 우리를 모든 죄에서 깨끗하게 하실 것이요

## 제35문답

[1] **고전 15:17-18** [17] 그리스도께서 다시 살아나신 일이 없으면 너희

의 믿음도 헛되고 너희가 여전히 죄 가운데 있을 것이요 [18] 또한 그리스도 안에서 잠자는 자도 망하였으리니

[2] 눅 24:34  말하기를 주께서 과연 살아나시고 시몬에게 보이셨다 하는지라

[3] 고전 1:30 너희는 하나님으로부터 나서 그리스도 예수 안에 있고 예수는 하나님으로부터 나와서 우리에게 지혜와 의로움과 거룩함과 구원함이 되셨으니

롬 4:15  율법은 진노를 이루게 하나니 율법이 없는 곳에는 범법도 없느니라

## 제36문답

[1] 행 1:9  이 말씀을 마치시고 그들이 보는데 올려져 가시니 구름이 그를 가리어 보이지 않게 하더라

[2] 막 16:19  주 예수께서 말씀을 마치신 후에 하늘로 올려지사 하나님 우편에 앉으시니라

[3] 엡 1:20-21  [20] 그의 능력이 그리스도 안에서 역사하사 죽은 자들 가운데서 다시 살리시고 하늘에서 자기의 오른편에 앉히사 [21] 모든 통치와 권세와 능력과 주권과 이 세상뿐 아니라 오는 세상에 일컫는 모든 이름 위에 뛰어나게 하시고

## 제37문답

[1] 엡 1:22  또 만물을 그의 발 아래에 복종하게 하시고 그를 만물 위에 교회의 머리로 삼으셨느니라

[2] 히 7:25  그러므로 자기를 힘입어 하나님께 나아가는 자들을 온전히 구원하실 수 있으니 이는 그가 항상 살아 계셔서 그들을 위하여 간구하심이라

## 제38문답

[1] 마 18:20  두세 사람이 내 이름으로 모인 곳에는 나도 그들 중에

있느니라

2 **요 16:7**  그러나 내가 너희에게 실상을 말하노니 내가 떠나가는 것이 너희에게 유익이라 내가 떠나가지 아니하면 보혜사가 너희에게로 오시지 아니할 것이요 가면 내가 그를 너희에게로 보내리니

3 **고후 5:10**  이는 우리가 다 반드시 그리스도의 심판대 앞에 나타나게 되어 각각 선악간에 그 몸으로 행한 것을 따라 받으려 함이라

4 **행 1:11**  이르되 갈릴리 사람들아 어찌하여 서서 하늘을 쳐다보느냐 너희 가운데서 하늘로 올려지신 이 예수는 하늘로 가심을 본 그대로 오시리라 하였느니라

5 **행 3:21**  하나님이 영원 전부터 거룩한 선지자들의 입을 통하여 말씀하신 바 만물을 회복하실 때까지는 하늘이 마땅히 그를 받아 두리라

## 제39문답

1 **행 5:3-4**  3 베드로가 이르되 아나니아야 어찌하여 사탄이 네 마음에 가득하여 네가 성령을 속이고 땅 값 얼마를 감추었느냐 4 땅이 그대로 있을 때에는 네 땅이 아니며 판 후에도 네 마음대로 할 수가 없더냐 어찌하여 이 일을 네 마음에 두었느냐 사람에게 거짓말한 것이 아니요 하나님께로다

2 **요 6:63**  살리는 것은 영이니 육은 무익하니라 내가 너희에게 이른 말은 영이요 생명이라

3 **요 16:13**  그러나 진리의 성령이 오시면 그가 너희를 모든 진리 가운데로 인도하시리니 그가 스스로 말하지 않고 오직 들은 것을 말하며 장래 일을 너희에게 알리시리라

4 **행 9:31**  그리하여 온 유대와 갈릴리와 사마리아 교회가 평안하여 든든히 서 가고 주를 경외함과 성령의 위로로 진행하여 수가 더 많아지니라

5 **요 14:16-17**  16 내가 아버지께 구하겠으니 그가 또 다른 보혜사를

너희에게 주사 영원토록 너희와 함께 있게 하리니 [17] 그는 진리의 영이라 세상은 능히 그를 받지 못하나니 이는 그를 보지도 못하고 알지도 못함이라 그러나 너희는 그를 아나니 그는 너희와 함께 거하심이요 또 너희 속에 계시겠음이라

[6] 요 15:26 내가 아버지께로부터 너희에게 보낼 보혜사 곧 아버지께로부터 나오시는 진리의 성령이 오실 때에 그가 나를 증언하실 것이요

## 제40문답

[1] 요 10:11 나는 선한 목자라 선한 목자는 양들을 위하여 목숨을 버리거니와

[2] 계 5:9 그들이 새 노래를 불러 이르되 두루마리를 가지시고 그 인봉을 떼기에 합당하시도다 일찍이 죽임을 당하사 각 족속과 방언과 백성과 나라 가운데에서 사람들을 피로 사서 하나님께 드리시고

[3] 롬 8:29-30 [29] 하나님이 미리 아신 자들을 또한 그 아들의 형상을 본받게 하기 위하여 미리 정하셨으니 이는 그로 많은 형제 중에서 맏아들이 되게 하려 하심이니라 [30] 또 미리 정하신 그들을 또한 부르시고 부르신 그들을 또한 의롭다 하시고 의롭다 하신 그들을 또한 영화롭게 하셨느니라

[4] 행 16:14 두아디라 시에 있는 자색 옷감 장사로서 하나님을 섬기는 루디아라 하는 한 여자가 말을 듣고 있을 때 주께서 그 마음을 열어 바울의 말을 따르게 하신지라

[5] 히 12:22-23 [22] 그러나 너희가 이른 곳은 시온 산과 살아 계신 하나님의 도성인 하늘의 예루살렘과 천만 천사와 [23] 하늘에 기록된 장자들의 모임과 교회와 만민의 심판자이신 하나님과 및 온전하게 된 의인의 영들과

[6] 요일 3:14 우리는 형제를 사랑함으로 사망에서 옮겨 생명으로 들어간 줄을 알거니와 사랑하지 아니하는 자는 사망에 머물러 있느니라

[7] 요 10:28  내가 그들에게 영생을 주노니 영원히 멸망하지 아니할 것이요 또 그들을 내 손에서 빼앗을 자가 없느니라

## 제41문답

[1] 행 2:42, 47  [42] 그들이 사도의 가르침을 받아 서로 교제하고 떡을 떼며 오로지 기도하기를 힘쓰니라; [47] 하나님을 찬미하며 또 온 백성에게 칭송을 받으니 주께서 구원 받는 사람을 날마다 더하게 하시니라

## 제42문답

[1] 엡 1:7  우리는 그리스도 안에서 그의 은혜의 풍성함을 따라 그의 피로 말미암아 속량 곧 죄 사함을 받았느니라

[2] 빌 3:21  그는 만물을 자기에게 복종하게 하실 수 있는 자의 역사로 우리의 낮은 몸을 자기 영광의 몸의 형체와 같이 변하게 하시리라

[3] 마 25:46  그들은 영벌에, 의인들은 영생에 들어가리라 하시니라

## 제43문답

[1] 롬 5:1  그러므로 우리가 믿음으로 의롭다 하심을 받았으니 우리 주 예수 그리스도로 말미암아 하나님과 화평을 누리자

## 제44문답

[1] 갈 2:16  사람이 의롭게 되는 것은 율법의 행위로 말미암음이 아니요 오직 예수 그리스도를 믿음으로 말미암는 줄 알므로 우리도 그리스도 예수를 믿나니 이는 우리가 율법의 행위로써가 아니고 그리스도를 믿음으로써 의롭다 함을 얻으려 함이라 율법의 행위로써는 의롭다 함을 얻을 육체가 없느니라

[2] 롬 3:28  그러므로 사람이 의롭다 하심을 얻는 것은 율법의 행위에 있지 않고 믿음으로 되는 줄 우리가 인정하노라

## 제45문답

[1] **고후 5:21** 하나님이 죄를 알지도 못하신 이를 우리를 대신하여 죄로 삼으신 것은 우리로 하여금 그 안에서 하나님의 의가 되게 하려 하심이라

[2] **롬 5:19** 한 사람이 순종하지 아니함으로 많은 사람이 죄인 된 것 같이 한 사람이 순종하심으로 많은 사람이 의인이 되리라

[3] **롬 4:6** 일한 것이 없이 하나님께 의로 여기심을 받는 사람의 복에 대하여 다윗이 말한 바

[4] **행 26:18** 그 눈을 뜨게 하여 어둠에서 빛으로, 사탄의 권세에서 하나님께로 돌아오게 하고 죄 사함과 나를 믿어 거룩하게 된 무리 가운데서 기업을 얻게 하리라 하더이다

[5] **롬 4:5** 일을 아니할지라도 경건하지 아니한 자를 의롭다 하시는 이를 믿는 자에게는 그의 믿음을 의로 여기시나니

## 제46문답

[1] **사 64:6** 무릇 우리는 다 부정한 자 같아서 우리의 의는 다 더러운 옷 같으며 우리는 다 잎사귀 같이 시들므로 우리의 죄악이 바람 같이 우리를 몰아가나이다

## 제47문답

[1] **고전 3:8** 심는 이와 물 주는 이는 한가지이나 각각 자기가 일한 대로 자기의 상을 받으리라

[2] **눅 17:10** 이와 같이 너희도 명령 받은 것을 다 행한 후에 이르기를 우리는 무익한 종이라 우리가 하여야 할 일을 한 것뿐이라 할지니라

## 제48문답

¹ **고전 12:3** 그러므로 내가 너희에게 알리노니 하나님의 영으로 말하는 자는 누구든지 예수를 저주할 자라 하지 아니하고 또 성령으로 아니하고는 누구든지 예수를 주시라 할 수 없느니라

## 제49문답

¹ **롬 10:14, 17** ¹⁴ 그런즉 그들이 믿지 아니하는 이를 어찌 부르리요 듣지도 못한 이를 어찌 믿으리요 전파하는 자가 없이 어찌 들으리요; ¹⁷ 그러므로 믿음은 들음에서 나며 들음은 그리스도의 말씀으로 말미암았느니라

## 제50문답

¹ **마 28:19** 그러므로 너희는 가서 모든 민족을 제자로 삼아 아버지와 아들과 성령의 이름으로 세례를 베풀고

## 제51문답

¹ **행 2:38** 베드로가 이르되 너희가 회개하여 각각 예수 그리스도의 이름으로 세례를 받고 죄 사함을 받으라 그리하면 성령의 선물을 받으리니

² **롬 4:11** 그가 할례의 표를 받은 것은 무할례시에 믿음으로 된 의를 인친 것이니 이는 무할례자로서 믿는 모든 자의 조상이 되어 그들도 의로 여기심을 얻게 하려 하심이라

## 제53문답

¹ **마 28:19** 그러므로 너희는 가서 모든 민족을 제자로 삼아 아버지와 아들과 성령의 이름으로 세례를 베풀고

² **행 8:36** 길 가다가 물 있는 곳에 이르러 그 내시가 말하되 보라 물이 있으니 내가 세례를 받음에 무슨 거리낌이 있느냐

## 제54문답

1 **요일 1:7** 그가 빛 가운데 계신 것 같이 우리도 빛 가운데 행하면 우리가 서로 사귐이 있고 그 아들 예수의 피가 우리를 모든 죄에서 깨끗하게 하실 것이요

2 **고전 6:11** 너희 중에 이와 같은 자들이 있더니 주 예수 그리스도의 이름과 우리 하나님의 성령 안에서 씻음과 거룩함과 의롭다 하심을 받았느니라

3 **행 22:16** 이제는 왜 주저하느냐 일어나 주의 이름을 불러 세례를 받고 너의 죄를 씻으라 하더라

## 제55문답

1 **마 28:19** 그러므로 너희는 가서 모든 민족을 제자로 삼아 아버지와 아들과 성령의 이름으로 세례를 베풀고

2 **막 16:16** 믿고 세례를 받는 사람은 구원을 얻을 것이요 믿지 않는 사람은 정죄를 받으리라

## 제56문답

1 **골 2:11-12** [11] 또 그 안에서 너희가 손으로 하지 아니한 할례를 받았으니 곧 육의 몸을 벗는 것이요 그리스도의 할례라 [12] 너희가 세례로 그리스도와 함께 장사되고 또 죽은 자들 가운데서 그를 일으키신 하나님의 역사를 믿음으로 말미암아 그 안에서 함께 일으키심을 받았느니라

2 **행 2:39** 이 약속은 너희와 너희 자녀와 모든 먼 데 사람 곧 주 우리 하나님이 얼마든지 부르시는 자들에게 하신 것이라 하고

3 **고전 7:14** 믿지 아니하는 남편이 아내로 말미암아 거룩하게 되고 믿지 아니하는 아내가 남편으로 말미암아 거룩하게 되나니 그렇지 아니하면 너희 자녀도 깨끗하지 못하니라 그러나 이제 거룩하니라

4 **마 19:14** 예수께서 이르시되 어린 아이들을 용납하고 내게 오는

것을 금하지 말라 천국이 이런 사람의 것이니라 하시고

## 제57문답

¹ **마 26:26-28** ²⁶ 그들이 먹을 때에 예수께서 떡을 가지사 축복하시고 떼어 제자들에게 주시며 이르시되 받아서 먹으라 이것은 내 몸이니라 하시고 ²⁷ 또 잔을 가지사 감사 기도 하시고 그들에게 주시며 이르시되 너희가 다 이것을 마시라 ²⁸ 이것은 죄 사함을 얻게 하려고 많은 사람을 위하여 흘리는 바 나의 피 곧 언약의 피니라

## 제58문답

¹ **고전 10:16** 우리가 축복하는 바 축복의 잔은 그리스도의 피에 참여함이 아니며 우리가 떼는 떡은 그리스도의 몸에 참여함이 아니냐

## 제59문답

¹ **고전 11:23-26** ²³ 내가 너희에게 전한 것은 주께 받은 것이니 곧 주 예수께서 잡히시던 밤에 떡을 가지사 ²⁴ 축사하시고 떼어 이르시되 이것은 너희를 위하는 내 몸이니 이것을 행하여 나를 기념하라 하시고 ²⁵ 식후에 또한 그와 같이 잔을 가지시고 이르시되 이 잔은 내 피로 세운 새 언약이니 이것을 행하여 마실 때마다 나를 기념하라 하셨으니 ²⁶ 너희가 이 떡을 먹으며 이 잔을 마실 때마다 주의 죽으심을 그가 오실 때까지 전하는 것이니라

## 제60문답

¹ **엡 5:26** 이는 곧 물로 씻어 말씀으로 깨끗하게 하사 거룩하게 하시고

## 제61문답

¹ **시 51:19** 그 때에 주께서 의로운 제사와 번제와 온전한 번제를 기뻐하시리니 그 때에 그들이 수소를 주의 제단에 드리리이다

² **고후 13:5** 너희는 믿음 안에 있는가 너희 자신을 시험하고 너희 자신을 확증하라 예수 그리스도께서 너희 안에 계신 줄을 너희가 스스로 알지 못하느냐 그렇지 않으면 너희는 버림 받은 자니라

³ **시 119:40** 내가 주의 법도들을 사모하였사오니 주의 의로 나를 살아나게 하소서

⁴ **고전 11:28-29** ²⁸ 사람이 자기를 살피고 그 후에야 이 떡을 먹고 이 잔을 마실지니 ²⁹ 주의 몸을 분별하지 못하고 먹고 마시는 자는 자기의 죄를 먹고 마시는 것이니라

## 제62문답

¹ **시 50:16-17** ¹⁶ 악인에게는 하나님이 이르시되 네가 어찌하여 내 율례를 전하며 내 언약을 네 입에 두느냐 ¹⁷ 네가 교훈을 미워하고 내 말을 네 뒤로 던지며

² **고전 11:29-30** ²⁹ 주의 몸을 분별하지 못하고 먹고 마시는 자는 자기의 죄를 먹고 마시는 것이니라 ³⁰ 그러므로 너희 중에 약한 자와 병든 자가 많고 잠자는 자도 적지 아니하니

## 제63문답

¹ **마 18:15-17** ¹⁵ 네 형제가 죄를 범하거든 가서 너와 그 사람과만 상대하여 권고하라 만일 들으면 네가 네 형제를 얻은 것이요 ¹⁶ 만일 듣지 않거든 한두 사람을 데리고 가서 두세 증인의 입으로 말마다 확증하게 하라 ¹⁷ 만일 그들의 말도 듣지 않거든 교회에 말하고 교회의 말도 듣지 않거든 이방인과 세리와 같이 여기라

## 제64문답

¹ **벧전 3:18** 그리스도께서도 단번에 죄를 위하여 죽으사 의인으로

서 불의한 자를 대신하셨으니 이는 우리를 하나님 앞으로 인도하려 하심이라 육체로는 죽임을 당하시고 영으로는 살리심을 받으셨으니

2 엡 2:8 너희는 그 은혜에 의하여 믿음으로 말미암아 구원을 받았으니 이것은 너희에게서 난 것이 아니요 하나님의 선물이라

3 빌 4:8 끝으로 형제들아 무엇에든지 참되며 무엇에든지 경건하며 무엇에든지 옳으며 무엇에든지 정결하며 무엇에든지 사랑 받을 만하며 무엇에든지 칭찬 받을 만하며 무슨 덕이 있든지 무슨 기림이 있든지 이것들을 생각하라

## 제65문답

1 마 5:16 이같이 너희 빛이 사람 앞에 비치게 하여 그들로 너희 착한 행실을 보고 하늘에 계신 너희 아버지께 영광을 돌리게 하라

2 마 7:17-18 17 이와 같이 좋은 나무마다 아름다운 열매를 맺고 못된 나무가 나쁜 열매를 맺나니 18 좋은 나무가 나쁜 열매를 맺을 수 없고 못된 나무가 아름다운 열매를 맺을 수 없느니라

3 벧전 2:12 너희가 이방인 중에서 행실을 선하게 가져 너희를 악행한다고 비방하는 자들로 하여금 너희 선한 일을 보고 오시는 날에 하나님께 영광을 돌리게 하려 함이라

## 제66문답

1 마 3:10 이미 도끼가 나무 뿌리에 놓였으니 좋은 열매를 맺지 아니하는 나무마다 찍혀 불에 던져지리라

2 고전 6:9-10 9 불의한 자가 하나님의 나라를 유업으로 받지 못할 줄을 알지 못하느냐 미혹을 받지 말라 음행하는 자나 우상 숭배하는 자나 간음하는 자나 탐색하는 자나 남색하는 자나 10 도적이나 탐욕을 부리는 자나 술 취하는 자나 모욕하는 자나 속여 빼앗는 자들은 하나님의 나라를 유업으로 받지 못하리라

## 제67문답

**1 렘 31:19** 내가 돌이킨 후에 뉘우쳤고 내가 교훈을 받은 후에 내 볼기를 쳤사오니 이는 어렸을 때의 치욕을 지므로 부끄럽고 욕됨이니이다 하도다

**2 롬 6:13** 또한 너희 지체를 불의의 무기로 죄에게 내주지 말고 오직 너희 자신을 죽은 자 가운데서 다시 살아난 자 같이 하나님께 드리며 너희 지체를 의의 무기로 하나님께 드리라

**3 롬 7:22** 내 속사람으로는 하나님의 법을 즐거워하되

## 제68문답

**1 마 15:9** 사람의 계명으로 교훈을 삼아 가르치니 나를 헛되이 경배하는도다 하였느니라 하시고

**2 골 2:23** 이런 것들은 자의적 숭배와 겸손과 몸을 괴롭게 하는 데는 지혜 있는 모양이나 오직 육체 따르는 것을 금하는 데는 조금도 유익이 없느니라

**3 롬 14:23** 의심하고 먹는 자는 정죄되었나니 이는 믿음을 따라 하지 아니하였기 때문이라 믿음을 따라 하지 아니하는 것은 다 죄니라

**4 엡 2:10** 우리는 그가 만드신 바라 그리스도 예수 안에서 선한 일을 위하여 지으심을 받은 자니 이 일은 하나님이 전에 예비하사 우리로 그 가운데서 행하게 하려 하심이니라

**5 고전 10:31** 그런즉 너희가 먹든지 마시든지 무엇을 하든지 다 하나님의 영광을 위하여 하라

## 제69문답

**1 요 1:8** 그는 이 빛이 아니요 이 빛에 대하여 증언하러 온 자라

**2 빌 3:12-14** ¹² 내가 이미 얻었다 함도 아니요 온전히 이루었다 함도 아니라 오직 내가 그리스도 예수께 잡힌 바 된 그것을 잡으려고 달려가노라 ¹³ 형제들아 나는 아직 내가 잡은 줄로 여기지 아

니하고 오직 한 일 즉 뒤에 있는 것은 잊어버리고 앞에 있는 것을 잡으려고 <sup>14</sup> 푯대를 향하여 그리스도 예수 안에서 하나님이 위에서 부르신 부름의 상을 위하여 달려가노라

<sup>3</sup> 롬 7:14-15, 22 <sup>14</sup> 우리가 율법은 신령한 줄 알거니와 나는 육신에 속하여 죄 아래에 팔렸도다 <sup>15</sup> 내가 행하는 것을 내가 알지 못하노니 곧 내가 원하는 것은 행하지 아니하고 도리어 미워하는 것을 행함이라; <sup>22</sup> 내 속사람으로는 하나님의 법을 즐거워하되

<sup>4</sup> 시 119:4-5 <sup>4</sup> 주께서 명령하사 주의 법도를 잘 지키게 하셨나이다 <sup>5</sup> 내 길을 굳게 정하사 주의 율례를 지키게 하소서

## 제70문답

<sup>1</sup> 엡 3:20 우리 가운데서 역사하시는 능력대로 우리가 구하거나 생각하는 모든 것에 더 넘치도록 능히 하실 이에게

<sup>2</sup> 요 15:7 너희가 내 안에 거하고 내 말이 너희 안에 거하면 무엇이든지 원하는 대로 구하라 그리하면 이루리라

<sup>3</sup> 마 4:10 이에 예수께서 말씀하시되 사탄아 물러가라 기록되었으되 주 너의 하나님께 경배하고 다만 그를 섬기라 하였느니라

## 제71문답

<sup>1</sup> 요 16:23 그 날에는 너희가 아무 것도 내게 묻지 아니하리라 내가 진실로 진실로 너희에게 이르노니 너희가 무엇이든지 아버지께 구하는 것을 내 이름으로 주시리라

<sup>2</sup> 사 63:16 주는 우리 아버지시라 아브라함은 우리를 모르고 이스라엘은 우리를 인정하지 아니할지라도 여호와여, 주는 우리의 아버지시라 옛날부터 주의 이름을 우리의 구속자라 하셨거늘

## 제72문답

<sup>1</sup> 잠 30:8-9 <sup>8</sup> 곧 헛된 것과 거짓말을 내게서 멀리 하옵시며 나를 가난하게도 마옵시고 부하게도 마옵시고 오직 필요한 양식으로

나를 먹이시옵소서 9 혹 내가 배불러서 하나님을 모른다 여호와
가 누구냐 할까 하오며 혹 내가 가난하여 도둑질하고 내 하나님
의 이름을 욕되게 할까 두려워함이니이다

2 **약 1:5** 너희 중에 누구든지 지혜가 부족하거든 모든 사람에게 후
히 주시고 꾸짖지 아니하시는 하나님께 구하라 그리하면 주시
리라

## 제73문답

1 **마 6:9-13** 9 그러므로 너희는 이렇게 기도하라 하늘에 계신 우리
아버지여 이름이 거룩히 여김을 받으시오며 10 나라가 임하시오
며 뜻이 하늘에서 이루어진 것 같이 땅에서도 이루어지이다 11
오늘 우리에게 일용할 양식을 주시옵고 12 우리가 우리에게 죄
지은 자를 사하여 준 것 같이 우리 죄를 사하여 주시옵고 13 우리
를 시험에 들게 하지 마시옵고 다만 악에서 구하시옵소서 나라
와 권세와 영광이 아버지께 영원히 있사옵나이다 아멘

이 책에 수록된 하이델베르크 요리문답은 역자의 허락을 받아
『하이델베르크 신앙교육서』(황대우 역, 고신대학교 개혁주의학술원, 2013)에서
발췌하였습니다.

**1문. 삶과 죽음에 있어서 당신의 유일한 위로는 무엇입니까?**

**대답.** 몸과 영혼을 가진 나는 삶과 죽음 둘 다에 있어서 나의 것이 아니라 나의 신실하신 구원자 예수 그리스도의 것이라는 [사실]입니다. 그분은 자신의 보혈로 나의 모든 죄들을 위한 [값을] 완전히 지불하셨고, 나를 마귀의 모든 권세로부터 구원하셨으며, 또한 하늘에 계신 내 아버지의 뜻 없이는 머리털 하나도 내 머리로부터 떨어질 수 없도록 나를 보호하십니다. 그래서 만물도 또한 나를 섬기되 나의 구원을 위해 섬겨야 한다는 것입니다. 그러므로 그분은 내게 자신의 성령을 통해서도 영생을 확신시켜 주시고, 이제부터는 그분을 위해 자발적이고 준비된 삶을 진심으로 살아갈 수 있도록 하십니다.

**2문. 당신이 이러한 위로 가운데 복되게 살고 죽을 수 있다는 것을 알기 위해 당신에게 필수적인 것은 몇 가지가 있습니까?**

**대답.** 세 가지입니다. 첫째는 나의 죄와 비참함(=불행)이 얼마나 큰가, 둘째는 나의 모든 죄와 비참함으로부터 어떻게 구원을 받는가, 셋째는 내가 그러한 구원을 주신 하나님께 어떻게 감사를 드려야 하는가 입니다.

**3문. 당신의 죄와 비참함을 어디서(=어떻게) 압니까?**

**대답.** 하나님의 율법으로부터(=율법에 의해) [압니다].

---

**4문. 하나님의 율법이 우리에게 무엇을 요구합니까?**

**대답.** 그리스도께서 마태복음 22장에서 요약적으로 가르치시는 것은 이것입니다. "네 마음을 다하고 목숨을 다하고 뜻을 다하여 주 너의 하나님을 사랑하라 하셨으니 이것이 크고 첫째 되는 계명이요, 둘째도 그와 같으니 네 이웃을 네 자신과 같이 사랑하라 하셨으니, 이 두 계명이 온 율법과 선지자의 강령이니라"(마 22:37-40).

**5문. 당신은 이 모든 것을 온전히 지킬 수 있습니까?**

**대답.** 아닙니다. 나에게는 본성적으로 하나님과 나의 이웃을 미워하는 경향이 있습니다.

**6문. 그렇다면 하나님께서 사람을 이처럼 악하고 반역적인 [모습으로] 창조하셨습니까?**

**대답.** 아닙니다. 오히려 하나님께서는 사람을 선하게, 그리고 자신의 형상을 따라 창조하셨는데, 즉 참된 의와 거룩함으로 [창조하셨습니다.] 이것을 근거로 사람은 자신의 창조주이신 하나님을 바르게 알고, 진심으로 사랑하며, 영원한 복락 가운데서 그분과 함께 살아가도록 되어 있는데, 이것은 하나님을 찬미하고 찬양하기 위함입니다.

**7문. 그렇다면 사람의 이런 타락한 성질은 어디에서 오는 것입니까?**

**대답.** 에덴동산에 있던 우리의 첫 조상인 아담과 하와의 타락과 불순종으로부터[입니다]. 거기서 우리의 본성도 부패하게 되었는데, 그 결과 우리 모두는 죄악 중에 잉태되고 출생하게 되었습니다.

**8문. 하지만 우리가 어떤 선행에 대해서도 전적으로 무능하고, 온갖 악행에 기울어질 만큼 그렇게 타락했습니까?**

**대답.** 그렇습니다. 우리가 하나님의 성령을 통해 거듭날 때까지는 그렇습니다.

**9문.** 하나님께서 사람이 행할 수 없는 것을 그의 율법에서 요구하시는데, 그렇다면 하나님께서 사람에게 부당한 것을 요구하시는 것이 아닙니까?

**대답.** 아닙니다. 왜냐하면 하나님께서 사람이 행할 수 있도록 그를 창조하셨기 때문입니다. 하지만 그 사람이 마귀의 꼬임에 빠져 고의로 불순종함으로써 그 자신뿐만 아니라, 그의 모든 후손도 하나님의 바로 그 선물을 상실하게 되었습니다.

**10문.** 하나님께서는 그러한 불순종과 반역을 처벌하지 않고 내버려두기를 원하십니까?

**대답.** 결코 그렇지 않습니다. 오히려 하나님께서는 원죄와 자범죄 둘 다에 대해 심히 진노하시며 이것들을 정당한 심판에 의해 한시적이고도 영원히 처벌하기를 원하시는데, 이것은 하나님께서 말씀하신 것과 같은 것입니다. "누구든지 율법 책에 기록된 대로 모든 일을 항상 행하지 아니하는 자는 저주 아래 있는 자라"(갈 3:10).

**11문.** 그렇다면 하나님께서는 참으로 자비롭지 않으십니까?

**대답.** 하나님께서는 참으로 자비로우십니다. 하지만 또한 의로우십니다. 따라서 하나님의 의가 요구하는 것은 하나님의 최고 위엄을 거스르는 죄 역시 최고의 [형벌]로, 즉 몸과 영혼에 내리는 영원한 형벌로 처벌되게 하는 것입니다.

**12문.** 우리가 하나님의 의로운 심판으로 한시적 형벌과 영원한 형벌을 동시에 받았는데, 어떻게 이 형벌을 피할 수 있고, 다시 은혜를 입을 수 있으며 하나님과 화해할 수 있습니까?

**대답.** 하나님께서는 자신의 의(義)가 만족되기를 원하십니다. 따라서 우리는 우리 자신이나 타인에 의해 하나님의 의에 대한 완전한 값을 지불해야 합니다.

**13문. 그럼 우리가 스스로 이 값을 지불할 수 있습니까?**

**대답.** 결코 그렇지 않습니다. 오히려 우리는 날마다 우리의 빚을 증가 시킬 뿐입니다.

**14문. 그럼 우리를 위해 그 값을 대신 지불할 수 있는 피조물이 있습니까?**

**대답.** 하나도 없습니다. 왜냐하면, 첫째, 하나님께서는 인간이 진 빚으로 인해 다른 피조물을 처벌하기를 원하시지 않기 때문입니다. 둘째, 어떤 피조물도 죄에 대한 하나님의 영원한 진노의 짐을 감당할 수도 없고, 그 [진노]로부터 다른 피조물을 구해낼 수도 없기 때문입니다.

**15문. 그렇다면 우리가 중보자와 구원자를 위해 찾아야 하는 것은 무엇입니까?**

**대답.** 이런 분을 [찾아야 하는데], 즉 참되고 의로운 사람이면서 또한 [동시에] 모든 피조물보다 강한 분, 즉 참 하나님과 동등하신 분입니다.

**16문. 왜 그분은(=중보자와 구원자는) 참 인간이시며 의로운 인간이셔야 합니까?**

**대답.** 하나님의 의가 요구하는 것은 죄 지은 인성이 죄에 대한 값을 지불하도록 하는 것이지만, 스스로 죄인이 된 사람은 다른 사람을 위해 대신 값을 지불할 수 없게 되었기 때문입니다.

**17문. 왜 동시에 그분은 참 하나님이셔야 합니까?**

**대답.** 그분께서 자신의 신성의 능력에 의해 하나님의 진노의 짐을 자신의 인성으로 짊어지실 수 있기 위해서, 또한 우리에게 의와 생명을 얻게 하여 우리를 다시 태어날 수 있도록 하기 위해서입니다.

**18문. 하지만 누가 그와 같은 중보자, 즉 참 하나님이신 동시에 참되고 의로운 인간이신 중보자입니까?**

---

**대답.** 우리 주 예수 그리스도이신데, 즉 완전한 구원과 의를 위해 우리에게 거저 주어지신 분입니다.

### 19문. 당신은 이것을 어떻게 압니까?

**대답.** 거룩한 복음에 의해 [아는데], 이 복음은 태초에 하나님께서 친히 낙원에서 계시하셨고, 그 후에는 거룩한 족장들과 선지자들에게 선포하도록 하셨으며, 또한 제사들과 율법의 다른 의식들을 통해 예표하셨으며, 마지막에는 자신의 독생자를 통해 완성하셨습니다.

### 20문. 그렇다면 모든 사람이 아담을 통해 멸망한 것처럼 그리스도를 통해 다시 구원을 받습니까?

**대답.** 아닙니다. 이런 자들만, 즉 참된 믿음으로 그리스도께 접붙여지고 그의 모든 선행을(=호의를) 받아들이는 자들만 그렇습니다.

### 21문. 참된 믿음이란 무엇입니까?

**대답.** 참된 믿음은 확실한 지식인데, 저는 이것을 통해 하나님께서 그의 말씀에서 우리에게 계시하신 모든 것이 참된 것이라 여깁니다. 뿐만 아니라 [참된 믿음은] 진정한 신뢰인데, 이것은 성령께서 복음을 통해 내 속에서 일으키시는 것입니다. 이것은 하나님께서 죄 사함, 즉 영원한 의(義)와 구원을 다른 사람에게뿐만 아니라 나에게도 제공하시되, 순전히 은혜로만, 오직 그리스도의 공로로만 제공하시기 위함입니다.

### 22문. 그렇다면 그리스도인은 무엇을 믿어야 합니까?

**대답.** 복음에 약속된 모든 것을 [믿어야 합니다]. 이것들은 우리의 보편적이고 의심의 여지 없는 기독교 신앙 조항이 요약적으로 가르쳐 주는 것입니다.

### 23문. 그것은 어떤 것입니까?

**대답.** 나는 전능하신 아버지 하나님, 천지의 창조주를 믿습니다. 나는 그의 유일하신 아들, 우리 주 예수 그리스도를 믿습니다. 그는 성령으로 잉태되어 동정녀 마리아에게 나시고, 본디오 빌라도에게 고난을 받아, 십자가에 못 박혀 죽으시고, 장사된 지 사흘 만에 죽은 자 가운데서 다시 살아나셨으며, 하늘에 오르시어 전능하신 아버지 하나님 우편에 앉아 계시다가, 거기로서 살아 있는 자와 죽은 자를 심판하러 오십니다. 나는 성령을 믿으며, 거룩한 공교회와 성도의 교제와 죄를 용서받는 것과 몸의 부활과 영생을 믿습니다.

**24문. 이 조항들은 어떻게 나누어집니까?**

**대답.** 세 부분으로 [나누어집니다]. 첫째는 성부 하나님과 우리의 창조에 관한 것입니다. 둘째는 성자 하나님과 우리의 구원에 관한 것입니다. 셋째는 성령 하나님과 우리의 성화에 관한 것입니다.

**25문. 신적 존재는 오직 한 분뿐이신데, 왜 당신은 세 분(= 삼 위), 즉 성부와 성자와 성령을 말합니까?**

**대답.** 왜냐하면 하나님께서 친히 자신의 말씀에서 계시하신 것은 이 구별된 세 분이(=삼위가) 참되고 영원한 한 분 하나님이시라는 것이기 때문입니다.

**26문. 당신이 "나는 전능하신 아버지 하나님, 천지의 창조주를 믿습니다"라고 말할 때 당신이 믿는 것은 무엇입니까?**

**대답.** [내가 믿는 것은] 하늘과 땅과 더불어 그 속에 있는 만물을 무로부터 창조하셨고, 또한 이것들을 자신의 영원한 작정과 섭리로써 보존하시고 다스리시는, 우리 주 예수 그리스도의 영원하신 아버지께서 자신의 아들 그리스도를 의지하여 나의 하나님과 나의 아버지 되신다는 것입니다. 또한 이로써 내가 신뢰하는 것은 그분이 나의 몸과 영혼에 필요한 모든 것을 채워 주시리라는 것을 내가 조금도 의심하지 않는다는 것입니다. 또한 이 눈물 골짜기 같은 세상에서 당하게 하시는 어떠한 악도 합력하여 선을 이루게 하시리라는 것을 [내가 조금도 의심하지 않는다는 것입니다.] 왜냐하면, 그분은 전능하신 하나님으로서 그렇게 하실 수 있기 때문이요, 신실하신 아버지로서 그렇게 하기를 원하시기 때문입니다.

### 27문. 하나님의 섭리란 무엇입니까?

**대답.** [섭리란] 하나님의 전능하고 무소부재한 능력인데, 이것으로 하나님은 마치 자신의 손으로 하시듯이 하늘과 땅과 모든 피조물을 여전히 보존하시고 다스리시는 것입니다. 그리하여 잎과 풀, 비와 가뭄, 풍년과 흉년, 먹을 것과 마실 것, 건강과 질병, 부와 가난 등 만사가 우연한 것이 아니라 그분의 부성적인 손에(=아버지 손에) 의해 우리에게 다가오는 것입니다.

### 28문. 하나님의 창조와 구원에 대한 지식으로부터 우리는 어떤 유익을 얻습니까?

**대답.** 우리가 모든 역경 속에서 인내해야 하고, 형통할 때 감사해야 하며, 또한 장래 일에 대해서도 우리의 신실하신 하나님이시며 아버지이심에 대한 선한 확신이 있어야 한다는 것인데, [이 확신은] 어떤 피조물도 우리를 하나님의 사랑에서 끊을 수 없으리라는 것입니다. 왜냐하면 모든 피조물 역시 그분의 손 안에 있으므로 그분의 뜻이 아니면 움직일 수도 활동할 수도 없기 때문입니다.

### 29문. 왜 하나님의 아들이 예수, 즉 구원자라 불립니까?

**대답.** 그분이 우리의 죄로부터 우리를 구원하시기 때문이며, 또한 어떤 다른 곳에서도 구원을 찾거나 발견할 수 없기 때문입니다.

### 30문. 그렇다면 자신의 구원과 지복을 성인들이나 자기 자신이나, 아니면 어떤 다른 곳에서 찾는 사람들도 유일한 구원자이신 예수를 믿는 것입니까?

**대답.** 아닙니다. 오히려 그들은, 비록 [그것을] 똑같은 것이라고 자랑할지라도, 유일한 구원자요 구속자이신 예수님을 행위로는 부인합니다. 그러므로 예수께서 완전한 구세주가 아니어야 하든지, 아니면 이 구세주를 참된 믿음으로 영접한 자들이 자신들의 구원을 위해 필요한 모든 것을 그분에게서 발견해야 하든지, 둘 중 하나뿐이어야 합니다.

### 31문. 왜 그분은 그리스도, 즉 기름 부음 받은 자라 불립니까?

**대답.** 그것은 그분이 [다음과 같이 되도록] 성부 하나님에 의해 정해지셨고 성령으로 기름 부음 받으셨기 때문입니다. 즉 그분은 구원과 관련하여 우리에게 하나님의 숨겨진 목적과 뜻을 충만하게 계시하시는 우리의 최상의 선지자와 교사가 되시는 것입니다. 또한 자신의 몸을 유일한 제물로 삼아 우리를 구원하시고 자신의 중보기도를 통해 우리가 지속적으로 성부께 나아가도록 하시는 우리의 유일한 대제사장이 되시는 것입니다. 그리고 또한 자신의 말씀과 자신의 영으로 우리를 다스리시고 자신이 획득하신 구원으로 우리를 보호하고 보존하시는 우리의 영원한 왕이 되시는 것입니다.

### 32문. 그런데 왜 당신은 그리스도인이라 불립니까?

**대답.** 왜냐하면 내가 믿음으로 그리스도의 지체가 되었고, 또한 그분의 기름 부음에 참여하기 때문입니다. 그래서 나도 그의 이름을 고백하고, 나 자신을 살아 있는 감사 제물로 그분께 드리며, 또한 이 세상에 사는 동안에 자유로운 양심으로 죄와 마귀에 대항하여 싸우는 것입니다. 그런 다음에는 영원토록 그분과 함께 모든 피조물을 다스릴 것입니다.

### 33문. 우리 역시 하나님의 자녀인데, 왜 그분이 "하나님의 독생자"라 불립니까?

**대답.** 왜냐하면 오직 그리스도만이 하나님의 영원한 본성적 아들이시고 우리는 하나님의 뜻을 따라 은혜에 의해 하나님의 자녀로 받아들여졌기 때문입니다.

### 34문. 왜 당신은 그분을 "우리 주님"이라고 부릅니까?

**대답.** 그것은 그분이 우리의 몸과 영혼을 죄와 마귀의 모든 권세로부터

금이나 은이 아니라, 자신의 보혈로 자신의 소유가 되도록 구원하시고 구속하셨기 때문입니다.

### 35문. "그는 성령으로 잉태되어 동정녀 마리아에게서 나시고"라는 것은 무엇을 의미합니까?

**대답.** 그것은 하나님의 영원한 아들이 참되고 영원한 하나님이시라는 것과 여전히 하나님이신 동시에 동정녀 마리아의 살과 피로 태어난 참된 인성을 성령의 사역을 통해 스스로 취하셨다는 것인데, 이로써 그분은 다윗의 참된 씨가(=후손이) 되셨고 모든 면에서 자신의 형제들과 동일하시지만 죄를 짓지는 않으셨습니다.

### 36문. 그리스도의 거룩한 잉태와 탄생으로부터 당신은 어떤 유익을 얻습니까?

**대답.** 그것은 그분이 우리의 중보자이시며, 그분의 무죄하심과 온전한 거룩하심으로 나의 죄(나는 그 죄 중에 태어났다)를 하나님 면전에서 덮어 주셨다는 것입니다.

### 37문. "고난을 받아"라는 간단한 말을 통해 당신이 이해하는 것은 무엇입니까?

**대답.** 그것은 그분이 이 세상에 사셨던 전 생애 동안, 특히 생의 마지막 기간에 온 인류의 죄에 대한 하나님의 진노를 자신의 몸과 영혼에 짊어지셨다는 것입니다. 그분은 유일한 화목 제물로 고난당하심으로써 우리의 몸과 영혼을 영원한 저주로부터 구원하셨고, 우리를 위해 하나님의 은혜와 의와 영원한 생명을 얻으셨습니다.

### 38문. 왜 그분은 재판관 "본디오 빌라도에게(=빌라도 치하에)" 고난을 받으셨습니까?

**대답.** 왜냐하면 그분은 죄 없이 세상의 재판관에게(=재판관 치하에) 정죄되었기 때문인데, 이로써 우리가 받아야 하는 하나님의 준엄한 심판으로부터 우리를 구원하셨습니다.

### 39문. 그래서 그분이 "십자가에 못 박혀" 죽으신 것이 다른 방법으로 죽는 것보다 더 나은 것입니까?

대답. 그렇습니다. 그러므로 이로써 나는 내게 있는 저주를 그분께서 스스로 지셨다는 것을 확신하게 되는데, 왜냐하면 십자가의 죽음이란 하나님으로부터 저주를 받은 것이기 때문입니다.

### 40문. 그리스도께서 왜 "죽음"이라는 고난을 받아야 했습니까?

대답. 왜냐하면 그것은 하나님의 의와 진리로 인해 하나님의 아들의 죽음을 통하지 않고는 달리 우리의 죗값을 지불할 길이 없기 때문입니다.

### 41문. 그분은 왜 "장사"되셨습니까?

대답. 이것으로 그분이 정말 죽으셨다는 [사실]을 확증하는 것입니다.

### 42문. 그리스도께서 우리를 대신해서 죽으셨는데 우리 역시 죽어야 한다는 것은 어떻게 된 것입니까?

대답. 우리의 죽음은 우리 죄를 위한 값을 지불하는 것이 아니라, 단지 죄를 끊어 버리는 것이요, 영생에 들어가는 것입니다.

### 43문. 그리스도의 십자가의 희생과 죽으심으로부터 우리가 무슨 유익을 더 많이 얻게 됩니까?

대답. 그것은 그분의 능력으로 우리의 옛 자아가 그분과 함께 십자가에 못 박히어 죽고 장사되었다는 것입니다. 그 결과로 우리의 죽을 육체의 악한 욕망들이 더 이상 우리를 지배할 수 없게 되었고, 오히려 우리가 우리 자신을 그분께 감사의 제물로 드릴 수 있게 되었습니다.

### 44문. 왜 "음부에 내려가셨으며"라는 [문구가] 뒤따라옵니까?

대답. 그것은 내가 극심한 고생과 시련 속에서도 내가 확신할 수 있는 것은 나의 주 그리스도께서 나를 구원하시되 십자가에서뿐만 아니라 그 이전에도 자신의 영혼이 겪은 말할 수 없는 근심과 고통과 공포에 의해 지옥 같은 걱정거리들과 고통들로부터 나를 구원하셨다는 [사실]입니다.

**45문. 그리스도의 "부활"은 우리에게 어떤 유익을 줍니까?**

**대답.** 첫째, 그리스도는 자신의 부활로써 죽음을 이기셨으며, 그래서 죽으심으로써 얻으신 의에 우리로 참여할 수 있도록 하셨습니다. 둘째, 그의 능력으로 말미암아 우리도 이제 새로운 생명으로 다시 살아났습니다. 셋째, 그리스도의 부활은 우리의 복된 부활에 대한 확실한 보증입니다.

**46문. "하늘에 오르시어"를 당신은 어떻게 이해합니까?**

**대답.** 그것은 그리스도께서 제자들이 보는 가운데 땅에서 하늘로 오르셨고, 우리의 유익을 위하여 거기에 계시며, 장차 살아 있는 자들과 죽은 자들을 심판하러 다시 오실 것이라는 것입니다.

**47문. 그렇다면 친히 우리에게 약속하신 것과 달리 그리스도는 세상 끝날까지 우리와 함께 계시는 것이 아닙니까?**

**대답.** 그리스도는 참 인간이시고 참 하나님이십니다. 그분의 인성을 따라서는 더 이상 세상에 계시지 않지만, 그분의 신성과 위엄과 은혜와 성령에 따라서는 잠시도 우리를 떠나시지 않습니다.

**48문. 하지만 그리스도의 신성이 있는 곳마다 인성이 있는 것이 아니라면 이와 같은 방법으로 그리스도 안에 있는 두 본성이 서로 나누어지는 것은 아닙니까?**

**대답.** 결코 그렇지 않습니다. 왜냐하면 신성이란 불가해하며 무소부재하기 때문에, 반드시 뒤따라야 할 결론은 신성이 스스로 취한 인성 밖에도 있는 것이 확실함에도 불구하고 또한 인성 안에도 있으며 인격적으로 인성과 결합된 상태로 있다는 것이다.

### 49문. 그리스도의 승천이 우리에게 주는 유익은 무엇입니까?

**대답.** 첫째, 그리스도께서는 하늘에서 그의 아버지 앞에 서신 우리의 대언자이시라는 것입니다. 둘째, 머리 되신 그리스도께서 자신의 지체인 우리를 자신에게로 이끌어 올리시리라는 확실한 보증대로 우리의 육신이 하늘에 있다는 것입니다. 셋째, 그리스도께서는 그 보증대로 자신의 성령을 우리에게 보내신다는 것인데, 이 성령의 능력으로 우리는 그리스도께서 하나님 우편에 앉아 계신 위의 것을 찾고 땅의 것을 찾지 않습니다.

### 50문. 왜 "하나님 우편에 앉아 계시다가"라는 말이 덧붙여졌습니까?

**대답.** 그것은 그리스도께서 거기에서 자신을 자신의 교회의 머리로 나타내기 위해 하늘에 오르셨으며 이 그리스도를 통해 성부께서는 만물을 다스리신다는 것입니다.

### 51문. 우리의 머리 되신 그리스도의 이 영광은 우리에게 무슨 유익을 줍니까?

**대답.** 첫째, 그분은 자신의 성령을 통해 자신의 지체인 우리 속에 하늘의 은사들을 부어주신다는 것입니다. 둘째, 그분은 모든 원수들을 대항하여 자신의 권능으로 우리를 보호하고 보존하신다는 것입니다.

### 52문. "살아 있는 자와 죽은 자를 심판하러" 그리스도께서 다시 오신다는 것은 당신에게 무슨 위로를 줍니까?

**대답.** 나는 모든 슬픔과 핍박 중에도 전에 나를 위하여 하나님의 심판대 앞에 자신을 세우시고 나로 인해 발생한 모든 저주를 제거하신 바로 그분이 심판자의 머리로 하늘로부터 오시기를 학수고대합니다. 그분은 자신의 원수들과 나의 모든 원수들을 영원한 저주 속에 던지실 것입니다. 그러나 그분은 나를 그분의 택함을 받은 모든 사람들과 함께 하늘의 기쁨과 영광 속으로 이끌어 주실 것입니다.

**53문. 당신은 성령에 관하여 무엇을 믿습니까?**

**대답.** 첫째, 성령은 성부와 성자와 동일하게 영원한 하나님이시라는 것을 [믿습니다]. 둘째, 그분은 또한 내게도 주어졌으며, 참된 믿음을 통해 그리스도와 그의 모든 유익에 나를 참여하게 하시고, 나를 위로 하시며, 영원토록 나와 함께 하시리라는 것을 [믿습니다].

**54문. 당신은 "거룩한 공교회"에 관하여 무엇을 믿습니까?**

**대답.** 나는 하나님의 아들이 온 인류로부터, 영생하도록 택하신 자들을, 자신의 성령과 말씀을 통해, 참된 믿음의 통일을 위해, 세상의 처음부터 마지막 날까지 친히 불러 모으고 보호하고 보존하신다는 것을 [믿습니다]. 그리고 나도 [이 교회의] 살아 있는 지체이며 [거기서] 영원히 살 것이라는 것을 [믿습니다].

**55문. 당신이 "성도의 교제"라는 말을 통해 이해할 수 있는 것은 무엇입니까?**

**대답.** 첫째, 신자 모두, 그리고 신자 각자는 지체로서 주 그리스도와 교제하며 그의 모든 보화와 은사를 함께 나눈다는 것입니다. 둘째, 각자는 자신의 은사를 다른 지체의 유익과 구원을 위하여 기꺼이 그리고 즐겁게 사용할 의무가 있다는 것을 알아야 한다는 것입니다.

**56문. "죄를 용서받는 것"에 관하여 당신은 무엇을 믿습니까?**

**대답.** 하나님께서는 그리스도의 속죄(=만족하게 하심) 때문에 나의 모든 죄뿐만 아니라 내가 일평생 싸워야 할 죄의 성향까지도 더 이상 기억하시기를 원하시지 않고, 오히려 은혜로 그리스도의 의를 내게 베푸셔서 내가 결코 정죄함에 이르지 않도록 하신다는 것을 [믿습니다].

**57문. "몸의 부활"은 당신에게 무슨 위로를 줍니까?**

**대답.** 금생(今生)이 [끝난] 후에 나의 영혼은 머리 되신 그리스도께로 올려지게 되리라는 것입니다. 뿐만 아니라 나의 이 육신도 그리스도의 능력으로 일으킴을 받아 나의 영혼과 다시 결합되어 그리스도의 영광스러운 몸과 같이 되리라는 것입니다.

**58문. "영생"이라는 조항은 당신에게 무슨 위로를 줍니까?**

**대답.** 내가 지금 [이 땅에서] 영원한 기쁨을 내 마음 속에 경험했기 때문에 금생이 [끝난] 후에는 완전한 구원을 소유하게 되리라는 것입니다. 이 완전한 구원은 눈으로 보지 못하고 귀로도 듣지 못하고 사람의 마음으로도 생각지 못한 것이요, 하나님을 영원토록 찬양하기 위한 것입니다.

**59문. 하지만 이 모든 것을 믿는다는 것이 지금 당신에게 무슨 도움이 됩니까?**

**대답.** 내가 그리스도 안에서 하나님 앞에 의롭게 되며 영원한 생명의 상속자가 된다는 것입니다.

**60문. 어떻게 당신은 하나님 앞에서 의롭게 됩니까?**

**대답.** 오직 예수 그리스도를 믿는 참된 믿음으로만 [의롭게 됩니다]. 이 것은, 비록 내가 하나님의 모든 계명을 크게 어겼고 단 하나도 지키지 않았으며 여전히 모든 악으로 기울어져 있음을 나의 양심이 고소할지라도, 하나님께서 나의 공로가 전혀 없이 순전히 은혜로 그리스도의 완전한 속죄와 의와 거룩을(=그리스도의 완전히 만족하게 하심과 의로우심과 거룩하심을) 거저 주신다는 것입니다. 또한 내가 오직 믿는 마음으로 이 선물을 받아들이기만 하면, [하나님께서는] 마치 나에게 죄가 전혀 없고 또한 내가 죄를 짓지 않은 것처럼, 실로 그리스도께서 나를 위해 이루신 모든 순종을 내가 직접 이룬 것처럼 여겨주신다는 것입니다.

**61문. 왜 당신은 오직 믿음으로만 의롭게 된다고 말합니까?**

**대답.** 그것은 나의 믿음에 어떤 가치가 있어서 내가 그것으로 하나님을 기쁘시게 한다는 [뜻]이 아니라, 오직 그리스도의 속죄와 의와 거룩만이(=그리스도의 완전히 만족하게 하심과 의로우심과 거룩하심만이) 하나님 앞에서 나의 의가 되고, 오직 믿음으로만 나는 이러한 의를 받아들여 나의 것으로 삼을 수 있다는 [뜻]입니다.

**62문. 하지만 왜 우리의 선행이 하나님 앞에서 의나 의의 한 부분이 될 수 없습니까?**

**대답.** 왜냐하면 의가 만일 하나님의 심판대 앞에 서게 될 때 절대적으로 완전해야 하며 하나님의 율법에 완벽하게 일치해야 하는데, 우리가 금생에서 [행한] 최고의 행위조차도 모두 불완전하며 죄로 오염되어 있기 때문입니다.

**63문. 그렇다면 하나님께서 우리의 선행에 대해 금생과 내생(來生)에서 상을 베푸실 것이라는 [말씀에도] 불구하고 우리의 선행은 아무것도 획득하지 못한다는 것입니까?**

**대답.** 이러한 상은 공로가 아니라 은혜로부터 나오는 것입니다.

**64문. 하지만 이러한 가르침은 사람들을 경거망동하고 방종하도록 만들지 않겠습니까?**

**대답.** 아닙니다. 왜냐하면 그와 같이 참된 믿음으로 그리스도께 접붙여진 사람들이 감사의 열매를 맺지 않게 된다는 것은 불가능하기 때문입니다.

**65문. 오직 믿음만이 우리를 그리스도와 그분의 모든 복의 참여자로 만드는 것이라면, 이 믿음은 어디서 옵니까?**

**대답.** 성령께서 바로 복음의 설교를 통해 그것(=믿음)을 우리 마음속에 일으키시며 성례의 사용을 통해 그것을 강화하십니다.

**66문. 성례란 무엇입니까?**

**대답.** 성례란 볼 수 있는 거룩한 표와 인인데, 하나님에 의해 제정된 것입니다. 그 결과 하나님은 우리가 성례를 사용함으로써 복음의 약속을 보다 잘 이해하도록 하실 뿐만 아니라 우리를 보증하신다는 것입니다. 다시 말하면 십자가 위에서 완성하신 그리스도의 단번(=영원토록 단한 번)의 제사 때문에 하나님께서 죄 용서와 영생을 우리에게 은혜로 주신다는 것입니다.

**67문. 그렇다면 말씀과 성례는 둘 다 예수 그리스도의 십자가상의 제사, 즉 구원의 유일한 토대 위에 있는 우리의 믿음을 가리키도록 방향이 정해진 것입니까?**

**대답.** 정말 그렇습니다. 성령께서는 복음 안에서 가르치실 뿐만 아니라 성례를 통하여 강화하셔서서 우리의 온전한 구원이, 십자가 위에서 우리를 위해 발생한 그리스도의 단번의 제사에 서 있도록 하십니다.

**68문. 그리스도는 신약에서 몇 개의 성례를 제정하셨습니까?**

**대답.** 두 개[입니다]. 즉, 성 세례와 성 만찬[입니다].

**69문. 십자가 위에서의 그리스도의 단번의 제사가 당신에게 선한 것으로 다가오는 것을 어떻게 당신은 세례에서 기억하고 확신합니까?**

**대답.** 그리스도는 이런 외적인 목욕을 제정하셨고 거기서 약속하신 것이 있는데 이 약속은 마치 내가 몸의 어떤 더러움을 제거하기 위해 물로 외부를 씻는 것처럼 그분의 피와 영으로 내 영혼의 불결함, 즉 나의 모든 죄악으로부터 내가 씻겨진다는 것입니다.

**70문. 그리스도의 피와 영으로 씻겨 진다는 것은 무슨 뜻입니까?**

**대답.** 그것은 자신을 드리는 제사로 말미암아 십자가에서 우리를 위해 친히 흘리신 그리스도의 피 덕분에, 하나님으로부터 은혜로 말미암아 죄 용서를 받게 된다는 뜻입니다. 그런 다음 또한 그분은 성령을 통해

[우리를] 새롭게 하시고 그리스도의 지체가 되도록 [우리를] 성화시키십니다. 그 결과 우리는 점점 죄에 대해서는 죽고 경건하고 흠 없는 삶을 살게 되는 것입니다.

**71문. 그리스도께서는 우리가 물세례에 의해 씻겨지는 것과 같이 그렇게 그분의 피와 영으로 씻겨진다는 것을 어디에 약속하셨습니까?**

**대답.** 다음과 같이 선포된 세례의 제정에서입니다. "그러므로 너희는 가서 모든 민족을 제자로 삼아 아버지와 아들과 성령의 이름으로 세례를 베풀고", "믿고 세례를 받는 사람은 구원을 얻을 것이요, 믿지 않는 사람은 정죄를 받으리라." 이 약속의 성경이 세례를 "중생의 씻음" 혹은 "죄 씻음"이라고 부른 데서도 거듭 나타납니다.

**72문. 그렇다면 외적인 세례가 "죄 씻음" 자체입니까?**

**대답.** 아닙니다. 오직 예수 그리스도의 피와 성령만이 우리를 모든 죄로부터 깨끗하게 합니다.

**73문. 그러면 왜 성령께서는 세례를 "중생의 씻음"과 "죄 씻음"이라고 부르십니까?**

**대답.** 하나님께서 또한 그렇게 말씀하신 것에는 중대한 이유가 있습니다. 즉 하나님께서는 몸의 더러움이 물로 제거되는 것처럼 우리의 죄가 그리스도의 피와 영으로 제거된다는 것을 우리에게 가르치기를 원하실 뿐만 아니라, 오히려 마치 우리가 육적인 물로 씻겨지는 것처럼 그와 같이 우리가 참으로 우리의 죄들로부터 영적으로 씻겨졌다는 사실을 신적 보증과 표를 통해 우리에게 확신시키기를 원하십니다.

**74문. 유아들에게도 세례를 베풀어야 합니까?**

**대답.** 그렇습니다. 왜냐하면 성인들뿐만 아니라 유아들도 하나님의 언약과 그분의 교회에 속해 있기 때문이며 또한 성인들 못지않게 유아들에게도 그리스도의 피 안에서 속죄와 성령, 즉 믿음을 유효하게 하시는 성령이 약속되었기 때문입니다. 그래서 유아들 역시 언약의 표인 세례를 통해 그리스도의 교회와 연합되어야 하고 불신자의 자녀와 구별되어야 합니다. 그것은 마치 구약에서 할례를 통해 일어났던 것과 같은 것인데, 신약에서는 그 자리에 세례가 제정되었습니다.

**75문. 당신이 성찬식에 참여할 때 십자가에 달리신 그리스도의 단번의 제사와 그 모든 효력에 참여한다는 사실을 어떻게 깨닫고 확신합니까?**

**대답.** 그리스도는 자신을 기념하도록 나와 모든 성도에게 이 뗀 떡을 먹고 이 잔을 마시라고 명령하셨습니다. 그리고 그때 [두 가지를] 약속하셨습니다. 첫 번째는 내가 주님의 떡이 나에게 떼어지고 잔이 나에게 분배되는 것을 눈으로 보는 것처럼 확실하게 그분의 몸은 나를 위해 십자가에서 드려지고 찢기셨으며 그분의 피도 나를 위해 쏟으셨다는 것입니다. 두 번째는 내가 그리스도의 몸과 피의 확실한 표로서 나에게 주어진 주님의 떡과 잔을 목사의 손에서 받아 육적으로 즐기는 것처럼 확실하게, 주님께서는 [나의] 영생을 위해 십자가에 달리신 자신의 몸과 흘리신 피로써 내 영혼을 먹이시고 마시우신다는 것입니다.

**76문. 십자가에 달리신 그리스도의 몸을 먹고 그분의 흘리신 피를 마신다는 것은 무슨 뜻입니까?**

**대답.** 그것은 믿는 마음으로 그리스도의 온전한 고난과 죽음을 받아들인다는 것이요, 이로써 죄 용서를 받고 영생에 이르게 된다는 것입니다. 뿐만 아니라 그것은 그리스도 안에도 거하시고 동시에 우리 안에도 거하시는 성령으로 말미암아 우리가 점점 더 그분의 축사된 몸과 하나가 된다는 것입니다. 이렇게 함으로써 비록 그분은 하늘에 계시고 우리는 땅에 있지만 우리는 그분의 살 중의 살이요 그분의 뼈 중의 뼈가 되는 것이요, 또한 마치 우리 몸의 지체들이 하나의 영혼에 의해 살고 다스림을 받는 것처럼 우리가 한분 성령에 의해 영원히 살고 다스려지는 것입니다.

**77문. 신자들이 이 뗀 떡을 먹고 이 잔을 마시는 것처럼 그와 같이 분명하게 그리스도께서도 자신의 몸과 피로 그들을 먹이시고 마시우신다는 것을 어디에 약속하셨습니까?**

**대답.** 주님께서 말씀하신 성찬 제정에서입니다. "주 예수께서 잡히시던 밤에 떡을 가지사 축사하시고 떼어 이르시되 '이것은 너희를 위하는 내 몸이니 이것을 행하여 나를 기념하라' 하시고 식후에 또한 그와 같이 잔을 가지시고 이르시되 '이 잔은 내 피로 세운 새언약이니 이것을 행하여 마실 때마다 나를 기념하라' 하셨으니 너희가 이 떡을 먹으며 이 잔을 마실 때까지 주의 죽으심을 그가 오실 때까지 전하는 것이니라"(고전 11:23b-26). 그리고 또한 이 약속은 성 바울이 다음과 같이 말한 곳에서도 반복됩니다. "우리가 축복하는 바 축복의 잔은 그리스도의 피에 참여함이 아니며 우리가 떼는 떡은 그리스도의 몸에 참여함이 아니냐? 떡이 하나요 많은 우리가 한 몸이니 이는 우리가 다 한 떡에 참여함이라"(고전 10:16-17).

**78문. 떡과 포도주가 그리스도의 실제 몸과 피로 변합니까?**

**대답.** 아닙니다. 세례의 물이 그리스도의 피로 변화된다거나 죄 씻음 그 자체가 되는 것이 아니라, 단순히 그것(=그리스도의 피와 죄 씻음)에 대한 하나의 신적인 표와 인이듯이 성찬의 떡 역시, 비록 그것이 성례의 성질과 용례에 따라 그리스도의 몸이라고 불려진다 해도, 그리스도의 몸 자체가 되는 것은 아닙니다.

**79문. 그렇다면 왜 그리스도께서는 떡을 자신의 몸이라 하시고, 잔을 자신의 피, 또는 자신의 피로 세운 새언약이라고 하십니까? 그리고 바울은 왜 그것을 예수 그리스도의 몸과 피의 교제라고 합니까?**

**대답.** 그리스도께서 그렇게 말씀하신 것에는 중요한 이유가 있습니다. 즉 그분께서 그것으로 우리에게 가르치려고 하신 것은, 마치 떡과 포도주가 유한한 생명을 유지하듯이, 그분의 십자가에 달리신 몸과 흘리신 피가 영생을 위한 우리 영혼의 참된 양식과 음료가 된다는 사실뿐만 아니라, 또한 오히려 그리스도께서 이러한 가시적인 표지와 보증으로 우리에게 [다음과 같은 것을] 확고하게 하길 원하신다는 사실입니다. 즉 그것은, 마치 우리가 그리스도를 기념하기 위해 육신의 입으로 이 거룩한 표지들을(=떡과 포도주를) 받아먹는 것처럼, 우리가 참으로 성령의 역사에 의해 그분의 참된 몸과 피에 참여한다는 것이요, 그리고 마치 우리가 직접 우리 각자에 의해 그 모든 것을 겪고 만족시킨 것처럼, 그리스도의 모든 고난과 순종이 확실하게 우리 자신의 것이 된다는 것입니다.

### 80문. 주님의 성찬과 교황적인 미사 사이에 있는 차이는 무엇입니까?

**대답.** 성찬이 우리에게 증언하는 것은 마치 예수 그리스도께서 친히 십자가에서 단번에 이루신 것같이 그분의 한 번의 제사를 통해 우리의 모든 죄가 완전히 용서된다는 것입니다. 또한 우리가 성령에 의해, 지금 자신의 참된 몸으로는 하늘에 아버지 우편에 계시고 그곳에서 경배받기를 원하시는 그리스도와 한 몸이 된다는 것입니다. 그러나 미사가 가르치는 것은 그리스도께서 산 자들과 죽은 자들을 위해 아직도 날마다 미사의 사제들에 의해 드려지지 않는다면 그들이 그리스도의 고난을 통해 죄 용서를 받지는 못한다는 것입니다. 또한 그리스도께서 떡과 포도주의 형태 아래 육적으로 임재하시고 그 안에서 경배 받으셔야 한다는 것입니다. 또한 미사는 근본적으로 예수 그리스도의 단번의 제사와 고난을 부인하는 것 이외의 다른 것이 아니며 저주받을 우상숭배입니다.

### 81문. 어떤 사람이 주님의 식탁에 나아가야 합니까?

**대답.** 자신들의 죄 때문에 자신을 불쾌하게 여기고 싶어 하면서도 [동시에] 그들 자신이 그리스도의 고난과 죽으심으로 말미암아 그 죄들뿐만 아니라 나머지 죄들조차도 용서된다는 것을 확신하는 자들입니다. 또한 점점 자신의 믿음을 강화하고 자신의 인생을 증진하기를 열망하는 사람들입니다. 그러나 회개하지 않은 자들과 위선자들은 스스로 심판을 먹고 마시는 것입니다.

## 82문. 그러나 그들의 신앙고백과 행위에서 자신을 불신자와 불경건한 자로 드러내는 자들도 이 성찬에 [참여하도록] 허락되어야 합니까?

**대답.** 안됩니다. 그렇게 되면 그것은 하나님의 언약이 심각하게 훼손되는 것이요, 또한 온 회중 위에 하나님의 진노가 내리게 되는 것입니다. 그러므로 그리스도의 교회는 그리스도와 사도들의 규범에 따라 [천국] 열쇠의 직분을 통해 그러한 자들을 배제하되, 그들이 회개할 때까지 배제해야 합니다.

## 83문. [천국] 열쇠의 직분이란 무엇입니까?

**대답.** [그것은] 거룩한 복음의 설교와 기독교 권징인데, 이 둘을 통해 천국이 신자들에게는 열리고 불신자들에게는 닫히는 것입니다.

## 84문. 어떻게 천국이 거룩한 복음의 설교에 의해 열리고 닫힙니까?

**대답.** 그것은 이렇습니다. 그리스도의 명령에 따라 신자들 모두에게, 또한 각자에게 선포되고 공적으로 증거되는 것은 그들이 복음의 약속을 참된 믿음으로 받아들이기만 하면 참으로 그들의 모든 죄가 그리스도의 공로 덕분에 하나님에 의해 용서될 것이라는 [사실]입니다. 반대로 모든 불신자들과 위선자들에게 [선포되고 공적으로 증거되는 것은] 그들이 회개하지 않는 한 하나님의 진노와 영원한 저주가 그들 위에 놓이게 된다는 [사실]입니다. 이 복음 증거에 따라 하나님께서는 금생과 내생 둘 다에서 심판하실 것입니다.

## 85문. 어떻게 천국이 기독교 권징에 의해 닫히고 열립니까?

**대답.** 그것은 이렇습니다. 기독교적인 이름으로 비기독교적인 교리와 행동을 취하는 자들이 몇 번에 걸쳐 형제적인 권면을 받았음에도 불구하고 자신들의 잘못과 과실로부터 멀어지지 않았을 경우, 교회 혹은 교회에 의해 세워진 자들은 그리스도의 명령에 따라 그들을 지적하되,

그들이 이러한 동일한 훈계에도 불구하고 여전히 돌아서지 않는다면 교회 직분자들에 의해 성찬이 금지됨으로써 기독교 공동체로부터 추방되고 하나님 자신에 의해 그리스도의 나라로부터 추방되는 것입니다. 그러나 그들이 참으로 나아질 것을 약속하고 실천하면 그리스도의 지체와 교회의 지체로 다시 받아들여질 것입니다.

**86문. 우리가 우리의 비참함으로부터 구원을 받은 것은 우리의 어떤 공로도 없이 그리스도에 의해 은혜로 말미암아 된 것인데, 왜 우리는 선행을 해야 합니까?**

**대답.** 그 이유는 그리스도께서 자신의 피로 우리를 구속하신 후에도 우리를 또한 그분의 성령을 통해 자신의 형상대로 새롭게 하시기 때문입니다. 그래서 우리는 우리의 온 삶을 다해 하나님께서 베푸신 선행(=호의)에 대해 그분께 감사를 드리고 하나님께서는 우리를 통해 찬양을 받으시는 것입니다. 이후로도 [계속해서] 우리는 우리 스스로 우리의 믿음을 그 열매로 말미암아 확인하며 또한 우리의 경건한 행동으로 우리 이웃을 그리스도께로 인도하는 것입니다.

**87문. 그렇다면 감사하지도 회개하지도 않은 자신의 길로부터 벗어나 하나님께로 돌이키지 않는 사람(=회심하지 않는 사람)은 구원받을 수 없습니까?**

**대답.** 예, 그렇습니다. 왜냐하면 성경이 다음과 같이 말하기 때문입니다. "음행하는 자나 우상숭배하는 자나 간음하는 자나 … 도적이나 … 술 취하는 자나 모욕하는 자나 속여 빼앗는 자들은 하나님의 나라를 유업으로 받지 못하리라"(고전 6:9-10).

**88문. 사람의 참된 회개나 회심에는 어떤 요소들이 있습니까?**

**대답.** 두 가지가 있는데, 즉 옛 사람의 죽임(=옛 사람을 죽이는 것)과 새 사람의 살림(=새 사람을 살리는 것)입니다.

### 89문. 옛 사람을 죽이는 것이란 무엇입니까?

**대답.** 죄를 진심으로 뉘우치고 그것을 점점 더 미워하고 피하는 것입니다.

### 90문. 새 사람을 살리는 것이란 무엇입니까?

**대답.** 하나님 안에서 그리스도를 통해 마음의 기쁨을 누리며, 하나님의 뜻을 따라 모든 선행 가운데 살기를 좋아하고 사랑하는 것입니다.

### 91문. 그렇다면 선행이란 어떤 것입니까?

**대답.** 오직 그분을 영화롭게 하기 위해 하나님의 율법에 따라 참된 믿음으로부터 발생하는 것만이 [선행이며], 우리의 판단이나 인간의 전통에 근거한 것은 [선행이] 아닙니다.

### 92문. 주님의 율법이란 어떤 것입니까?

**대답.** 하나님이 이 모든 말씀으로 말씀하여 이르시되,

제1계명: 나는 너를 애굽 땅, 종 되었던 집에서 인도하여 낸 네 하나님 여호와니라. 너는 나 외에는 다른 신들을 네게 두지 말라.

제2계명: 너를 위하여 새긴 우상을 만들지 말고, 또 위로 하늘에 있는 것이나, 아래로 땅에 있는 것이나, 땅 아래 물 속에 있는 것의 어떤 형상도 만들지 말며, 그것들에게 절하지 말며, 그것들을 섬기지 말라. 나 네 하나님 여호와는 질투하는 하나님인즉 나를 미워하는 자의 죄를 갚되 아비로부터 아들에게로 삼사 대까지 이르게 하거니와, 나를 사랑하고 내 계명을 지키는 자에게는 천 대까지 은혜를 베푸느니라.

제3계명: 너는 네 하나님 여호와의 이름을 망령되게 부르지 말라. 여호와는 그의 이름을 망령되게 부르는 자를 죄 없다 하지 아니하리라.

제4계명: 안식일을 기억하여 거룩하게 지키라. 엿새 동안은 힘써 네 모든 일을 행할 것이나, 일곱째 날은 네 하나님 여호와의 안식일인즉, 너나 네 아들이나, 네 딸이나, 네 남종이나, 네 여종이나, 네 가축이나, 네 문 안에 머무는 객이라도 아무 일도 하지 말라. 이는 엿새 동안에

나 여호와가 하늘과 땅과 바다와, 그 가운데 모든 것을 만들고 일곱째 날에 쉬었음이라. 그러므로 나 여호와가 안식일을 복되게 하여 그날을 거룩하게 하였느니라.

제5계명: 네 부모를 공경하라. 그리하면 네 하나님 여호와가 네게 준 땅에서 네 생명이 길리라.

제6계명: 살인하지 말라.

제7계명: 간음하지 말라.

제8계명: 도둑질하지 말라.

제9계명: 네 이웃에 대하여 거짓 증거하지 말라.

제10계명: 네 이웃의 집을 탐내지 말라. 네 이웃의 아내나, 그의 남종이나, 그의 여종이나, 그의 소나, 그의 나귀나, 무릇 네 이웃의 소유를 탐내지 말라.

**93문. 이러한 계명들은 어떻게 나누어집니까?**

**대답.** 두 판으로 [나누어지는데], 그 가운데 네 개의 계명으로 된 첫째 판은 우리가 하나님에 대해 어떤 자세를 취해야 하는지를 가르치고, 여섯 개의 계명으로 된 둘째 판은 우리 이웃에 대한 의무가 무엇인지를 가르칩니다.

**94문. 주님께서 제 1계명에서는 무엇을 원하십니까?**

**대답.** 내 영혼의 구원과 지복을 상실하지 않으려면(=라틴어 번역: 내 영혼의 구원이 값진 것이기 때문에) 나는 모든 우상숭배와 마술, 미신적인 주문, 성인이나 다른 피조물들에 대한 기도 등을 멀리하고 피해야 합니다. 그리고 나는 참되신 한 분 하나님만을 바르게 알아야 하고, 그분만을 신뢰해야 하며, 오직 그분으로부터만 오는 선한 것들을 모든 겸손과 인내로써 기대해야 하고, 전심으로 그분을 사랑하고 두려워하고 공경해야 합니다. 그래야 나는 아무리 사소한 것일지라도 그분의 뜻을 거슬러 행하기보다는 오히려 만물을 포기할 것입니다.

### 95문. 우상숭배란 무엇입니까?

**대답.** 그것은(=우상 숭배란) 참되신 한 분 하나님, 즉 그분의 말씀을 통하여 자신을 계시하신 하나님을 대신하여 그분 곁에 다른 무엇을 나란히 두거나 가짐으로써 인간이 그것을 신뢰하는 것입니다.

### 96문. 하나님께서 제2계명에서는 무엇을 원하십니까?

**대답.** 우리가 어떤 방법으로도 하나님을 형상화하지 말아야 하고, 또한 하나님께서 자신의 말씀에서 명령하신 것과 다른 그 어떤 방법으로도 그분을 숭배하지 말아야 한다는 것입니다.

### 97문. 그렇다면 어떤 형상도 만들지 말아야 합니까?

**대답.** 하나님은 결코 형상화될 수도 없고 되어서도 안 됩니다. 비록 피조물들이 형상화될 수는 있겠지만, 인간이 그것을 경배하거나 그것으로 하나님을 섬길 목적으로 그와 같은 형상을 만드는 것과 가지는 것에 대해서는 하나님께서 금하셨습니다.

### 98문. 하지만 그 형상들이 교회에서 평신도용 교재로도 허용될 수 없다는 겁니까?

**대답.** 그렇습니다. 왜냐하면 우리가 하나님보다 더 현명하려고 해서는 안 되기 때문입니다. 이 하나님은 자신의 모든 그리스도인들을 말 못하는 우상에 의해서가 아니라 자신의 말씀에 대한 살아 있는 설교로 교육하기를 원하셨던 분이십니다.

### 99문. 제3계명은 무엇을 요구합니까?

**대답.** 우리가 저주나 거짓 맹세뿐만 아니라 불필요한 맹세로 하나님의 이름을 모독하거나 오용하지 말아야 하고, 또한 침묵과 방관으로 그러한 무서운 죄들에 동참해서도 안 된다는 것입니다. 요약하자면, 우리는 오직 두려움과 경외심만으로 하나님의 거룩한 이름을 사용해야 한다는 것인데, 이 [두려움과 경외심]이란 우리가 그분을 바르게 고백하고 그분께 바르게 기도하며 우리의 모든 말과 행위 가운데 그분을 찬양하는 수단입니다.

**100문. 그렇다면 맹세와 저주로써 하나님의 이름을 모독하는 것이, 이런 일을 막고 금하도록 돕지 않은 사람들에게도 하나님께서 화를 내실만큼 그렇게 심각한 죄라는 말입니까?**

**대답.** 정말 그렇습니다. 그분의 이름을 모독하는 것보다 더 큰 죄는 없으며 또한 하나님께서 그것보다 더 과격하게 분노하시는 것은 없기 때문입니다. 그러므로 하나님께서는 그 죄를 사형으로 처벌하라고 명령하셨습니다.

**101문. 그렇지만 하나님의 이름으로 맹세하는 것은 가능합니까?**

**대답.** 그렇습니다. 그것이 하나님의 영광과 이웃의 안녕을 위해 충성과 진실을 보존하고 증진하는 수단으로써 정부가 백성에게 요구하거나 필요할 경우에는 가능합니다. 왜냐하면 이렇게 맹세하는 것은 하나님의 말씀에 기초되어 있고 구약과 신약의 성도들에 의하여 정당하게 사용되기 때문입니다.

**102문. 성인들이나 다른 피조물들로 맹세하는 것도 가능합니까?**

**대답.** 안됩니다. 왜냐하면 정당한 맹세란 하나님께 호소하는 것인데, 진리의 유일한 참 통달자이신 하나님께서 증거를 제시하실 것이요, 내가 거짓으로 맹세할 경우에는 나를 징벌하실 것이기 때문입니다. [따라서] 그런 영광은 어떤 피조물에게도 해당되지 않기 때문입니다.

**103문. 하나님께서 제4계명에서는 무엇을 원하십니까?**

**대답.** 하나님께서 원하시는 것은 첫째, 설교 사역과 교육하는 일이 유지되는 것과 특히 축일에는 내가 열심히 하나님의 교회에 나아가 하나님의 말씀을 배우고 성례에 참여하고 주님께 공적으로 기도하고 기독교적인 자선을 베푸는 것입니다. 둘째, 내가 내 생애의 모든 날들을 나의 악한 행위들로부터 해방시키는 것과 주께서 주의 성령을 통해 내 속에서 일하시도록 하는 것이며 이생에서 영원한 안식을 시작하는 것입니다.

### 104문. 하나님께서 제5계명에서는 무엇을 원하십니까?

**대답.** 내가 내 아버지와 어머니, 그리고 모든 윗분들께 모든 공경과 사랑과 신뢰를 나타내어야 한다는 것과, 모든 선한 가르침과 징계에 마땅한 순종으로 나를 복종시켜야 한다는 것과, 또한 그들의 결점에 대해서는 인내해야 한다는 것입니다. 왜냐하면 하나님께서는 그들의 손을 통해 우리를 다스리기를 원하시기 때문입니다.

### 105문. 하나님께서 제6계명에서는 무엇을 원하십니까?

**대답.** 내가 나 자신이나 다른 사람을 통해 생각으로든, 말이나 몸짓으로든, 더욱이 행동으로든, 내 이웃을 비방하거나 증오하거나 모욕하거나 살인하지 않아야 한다는 것, 뿐만 아니라 모든 복수심을 버려야 한다는 것, 또한 나 자신을 해치거나 위험에 빠뜨려서도 안 된다는 것입니다. 그러므로 정부도 살인을 방지하기 위해 칼을 가지고 있는 것입니다.

### 106문. 그렇다면 이 계명은 오직 살인에 대해서만 언급하는 것이 아닙니까?

**대답.** 하나님께서 살인 금지를 통해 우리에게 가르치기를 원하시는 것은 하나님이 시기심과 증오와 분노와 복수심과 같은 살인의 뿌리를 미워하신다는 것과 이 모든 것들이 그분께는 숨겨진 살인이라는 것입니다.

### 107문. 언급된 것처럼 우리가 우리의 이웃을 살인하지 않는 것만으로 충분하다는 것입니까?

**대답.** 아닙니다. 하나님께서는 시기심과 증오와 분노를 정죄하심으로써 우리가 우리의 이웃을 나 자신처럼 사랑할 것과, 인내와 화평과 온유와 자비와 친절로 그들을 대할 것과, 가능한 한 그들이 피해를 당하지 않도록 할 것과, 우리의 원수들에게도 선을 베풀 것을 우리에게 요구하십니다.

**108문. 제7계명은 무엇을 요구합니까?**

**대답.** 모든 부정한 것은 하나님에 의해 저주되어진다는 것과, 따라서 우리는 그것들을 진심으로 미워해야 하고 순결하게 절제하며 살아야 한다는 것인데, 이것은 거룩한 결혼 관계 속에서나 밖에서나 마찬가지입니다.

**109문. 하나님께서 이 계명에서는 간통과 이런 종류의 과오들 외에 더 이상 아무것도 금하시지 않습니까?**

**대답.** 우리의 몸과 영혼이 모두 성령의 전이기 때문에, 하나님께서는 우리가 그 둘 모두를 순전하고 거룩하게 지키기를 원하십니다. 그래서 하나님께서는 모든 부정한 행동들과 몸짓들과 말들과 생각들과 욕망을 금하시고 그것을 향해 사람의 호기심을 유발할 수 있는 것도 금하십니다.

**110문. 하나님께서 제8계명에서는 무엇을 금하십니까?**

**대답.** 하나님께서는 정부가 처벌하는 도둑질과 강도짓만 금하신 것이 아닙니다. 뿐만 아니라 하나님께서는 우리 이웃의 재산을 우리의 것으로 삼으려는 생각으로 하는 모든 악한 속임수와 간계도 역시 도둑질이라고 말씀하십니다. 이것은 폭력을 수반하거나 정당성을 가장하기도 하는데, 부당한 저울이나 자, 되, 사기, 위조, 폭리 혹은 하나님께서 금하신 모든 수단들이 바로 그런 것입니다. 이런 것들을 불러일으키는 모든 탐욕과 자신의 은사를 무익하게 낭비하는 것도 역시 [도둑질이라고 말씀하십니다.]

**111문. 이 계명에서 하나님께서는 당신에게 무엇을 명령하십니까?**

**대답.** 내가 할 수 있고 해도 되는 곳에서 내 이웃의 유익들을 증진시키되, 사람들이 내게 대접해 주기를 원하는 만큼 그렇게 하고, 내가 가난한 자들에게 그들의 필요를 도울 수 있도록 성실하게 일하는 것입니다.

## 112문. 제9계명은 무엇을 요구합니까?

**대답.** 내가 누구에게도 거짓 증언을 해서는 안 된다는 것입니다. 즉 누구의 말도 왜곡하지 않아야 한다는 것입니다. 결코 흠담하는 자와 중상하는 자가 되지 말아야 한다는 것입니다. 아무도 판단하지 말고 경솔하게 정죄하는 일에 동조하지 말아야 한다는 것입니다. 뿐만 아니라 마귀의 고유한 일인 온갖 거짓과 속임수를 피해야 하는데, 여기에는 하나님의 무서운 진노가 임하기 때문입니다. 재판하는 일과 다른 모든 일에 있어서 진실을 사랑하고 정직하게 말하고 고백해야 한다는 것입니다. 또한 능력껏 내 이웃의 명예와 위신을 보호하고 증진시켜야 합니다.

## 113문. 제10계명은 무엇을 요구합니까?

**대답.** 아무리 사소한 욕망이나 생각도 하나님의 어떤 계명에 반대되는 것이라면 결단코 우리의 마음에 들어오지 못하게 해야 할 뿐만 아니라, 온 마음으로 그 모든 죄들을 미워해야 하고 모든 의를 기뻐해야 한다는 것입니다.

## 114문. 그런데 하나님께로 돌이킨 사람들은 저 계명들을 온전히 지킬 수 있습니까?

**대답.** 아닙니다. 가장 거룩한 사람들이라도 그들이 이생에 있는 동안에는 단지 이러한 순종을 겨우 시작할 뿐입니다. 그럼에도 불구하고 그들은 하나님의 계명 가운데 두세 개만 아니라, 계명 전부를 따라 살기 위해 열정적인 뜻을 품고 출발하는 것입니다.

## 115문. 그렇다면 이생에서는 아무도 저 십계명을 지킬 수 없음에도 불구하고, 왜 하나님께서는 우리에게 저 십계명을 그토록 엄중히 선포하도록 하십니까?

**대답.** 첫째 [이유는] 이 십계명으로 인해 우리가 우리 평생에 점차 우리의 죄악 된 성품을 더 잘 깨닫게 되고, 그럴수록 더욱더 열심히 그리스도 안에 있는 죄 용서와 의를 추구하게 되는 것입니다. 둘째 [이유는]

우리가 끊임없이 전심전력하고 하나님께 성령의 은혜를 간구하는 것인데, 이 결과 우리는 이생에서 완전이라는 목표에 도달할 때까지 점점 더 하나님의 형상으로 새로워져 가게 됩니다.

**116문. 왜 그리스도인에게 기도가 필요합니까?**

**대답.** 왜냐하면 기도가 하나님께서 우리에게 요구하시는 감사의 가장 주요 부분이기 때문입니다. 그리고 하나님께서 자신의 은혜와 성령을 베푸시되, 진정한 탄식으로 끊임없이 기도하고 또한 그것을 위해 하나님께 감사하는 자들에게만 베풀기를 원하시기 때문입니다.

**117문. 어떤 것이 하나님께서 기뻐하시고 들어주시는 그런 기도에 속합니까?**

**대답.** 첫째, 우리가 오직 참되신 한 분 하나님께만, 즉 자신의 말씀을 통해 우리에게 자신을 계시하신 하나님께만 모든 것, 즉 하나님께서 우리에게 기도하라고 명령하신 그 모든 것을 진심으로 간구하는 것입니다. 둘째, 우리는 하나님의 위엄 앞에 겸손하기 위해 우리의 부족함과 비참함을 바르게 근본적으로 인정하는 것입니다. 셋째, 하나님께서는 우리가 무가치하다는 것을 개의치 않으시고 자신의 말씀을 통해 약속하신 것처럼, 주 그리스도 덕분에 친히 우리의 기도를 들어주기를 원하신다는 이 확실한 근거를 우리가 가지고 있다는 것입니다.

**118문. 하나님께서 자신에게 기도하도록 우리에게 명령하신 것은 무엇입니까?**

**대답.** [그것은] 모든 영적이고 육적인 필요인데, 이것은 주 그리스도께서 우리에게 친히 가르쳐 주신 그 기도에 포함시키신 것입니다.

**119문. 바로 그 기도(=주님께서 가르쳐 주신 기도)의 내용은 어떤 것입니까?**

**대답.** 하늘에 계신 우리 아버지, 아버지의 이름을 거룩하게 하시며, 아버지의 나라가 오게 하시며, 아버지의 뜻이 하늘에서와 같이 땅에서도 이루어지게 하소서. 오늘 우리에게 일용할 양식을 주시고, 우리가 우리에게 잘못한 사람을 용서하여 준 것같이 우리 죄를 용서하여 주시고 우리를 시험에 빠지지 않게 하시고, 악에서 구하소서. 나라와 권능과 영광이 영원히 아버지의 것입니다. 아멘.

**120문. 그리스도께서는 왜 하나님을 "우리 아버지"라고 부르도록 우리에게 명령하셨습니까?**

**대답.** 그것은 그리스도께서, 우리가 기도를 시작할 때, 하나님께 대한 자녀다운 경외심과 신뢰를 우리 속에 불러일으키도록 하기 위해서인데, 이 [경외심과 신뢰]가 우리 기도의 기초이어야 합니다. 즉 하나님께서 그리스도를 통해 우리의 아버지가 되시도록 하기 위해, 또한 우리가 그분께 믿음으로 구하기 때문에 그분은 우리의 부친들이 우리에게 지상의 것을 거절하시는 것보다 훨씬 적게 거절하기를 원하시도록 하기 위해서입니다.

**121문. 왜 "하늘에 계신"이란 말이 첨가되었습니까?**

**대답.** 우리가 하나님의 천상적인 위엄을 지상적인 것으로 생각하지 않도록 하기 위해서, 또한 영혼과 육체의 모든 필요가 그분의 전능에 달린 것으로 기대하도록 하기 위해서입니다.

**122문. 첫 번째 간구는 무엇입니까?**

**대답.** "아버지의 이름을 거룩하게 하시며"입니다. 즉 이것은 우리에게 다음과 같은 뜻입니다. 첫째, 우리가 하나님을 바르게 인식하게 해 달라는 [간구]요, 우리가 그분의 전능과 지혜와 선하심과 의와 자비와 진리가 빛나는 하나님의 모든 일들을 통해 하나님을 거룩히 여기고 찬송하며 찬양하게 해 달라는 [간구]입니다. 또한 둘째, 우리가 우리의 모든 인생과 생각들과 말들과 일들을 바르게 세우도록 하셔서 그분의 이름이 우리로 말미암아 더럽히지 않고, 오히려 영광 받고 찬양 받을 수 있게 해 달라는 [간구]입니다.

**123문. 두 번째 간구는 무엇입니까?**

**대답.** "아버지의 나라가 오게 하시며"입니다. 즉 이것은 우리가 점점 더 주님께 복종하도록 우리를 주의 말씀과 성령으로 다스려 달라는 [간구]요, 주의 교회를 보존하시고 부흥시켜 달라는 [간구]입니다. 그리고 마귀의 활동과, 주님을 대항하는 모든 권세와, 주의 거룩한 말씀을 대항하여 날조된 모든 악한 모의들을 쳐부수어 달라는 [간구]입니다. 이것은 주의 완전한 나라가 다시 임하여 주님께서 만유 안에 계신 만유가 되실 때까지 [그러기를 바라는 간구입니다].

**124문. 세 번째 간구는 무엇입니까?**

**대답.** "아버지의 뜻이 하늘에서와 같이 땅에서도 이루어지게 하소서."입니다. 즉 우리와 모든 사람들이 자신의 뜻을 포기하고 아무런 불평 없이 주님의 선한 뜻만 따르도록 해 달라는 것인데, 이것은 각자가 마치 하늘에 있는 천사처럼, 자신의 직분과 소명을 기꺼이 그리고 성실하게 이행하기 위해서입니다.

**125문. 네 번째 간구는 무엇입니까?**

**대답.** "오늘 우리에게 일용할 양식을 주시고"입니다. 즉 육신에 필요한 모든 것으로 우리를 보살펴 주시기를 원하는 것입니다. 그렇기 때문에 이 [간구]로 말미암아 우리가 깨닫게 되는 것은 주께서 모든 선함의 근원이시라는 [사실]과 주께서 복을 베푸시지 않으면 우리의 염려와 노력도, 주의 은사들도 우리에게 헛되다는 [사실]입니다. 그리하여 우리가 우리의 신뢰를 모든 피조물에게서 제거하고 오직 주님께만 두려는 것입니다.

**126문. 다섯 번째 간구는 무엇입니까?**

**대답.** "우리가 우리에게 잘못한 사람을 용서하여 준 것같이 우리 죄를 용서하여 주시고"입니다. 즉 이것은 그리스도의 피로 인해, 우리의 모든 범죄와 아직도 끊임없이 우리에게 붙어있는 죄악들을 가련한 죄인이요,

악한 자들인 우리에게 돌리지 마시기를 원하는 것입니다. 마치 우리도 역시 주의 은혜에 대한 이러한 증거를 우리 속에서 발견하여 우리의 이웃을 진심으로 용서하는 것이 우리의 온전한 결단이 되는 것처럼!

**127문. 여섯 번째 간구는 무엇입니까?**

**대답.** "우리를 시험에 빠지지 않게 하시고 악에서 구하소서!"입니다. 즉 이것은 우리가 우리 자신으로는 너무나 연약하여 단 한순간도 서 있을 수 없다는 것과 게다가 우리의 공적인 적인 마귀와 세상, 그리고 우리 자신의 육신도 우리를 공격하는 일을 멈추지 않는다는 것 때문에, 주의 성령의 능력으로 우리를 지켜주시고 강하게 해 주시길 원하는 것입니다. 이로 말미암아 우리는 마침내 승리를 완전하게 소유할 때까지, 우리가 그것들에 대하여 확고하게 저항할 수 있고 이 영적 싸움에서 패배하지 않을 수 있습니다.

**128문. 당신은 이 기도를 어떻게 마무리하십니까?**

**대답.** "나라와 권능과 영광이 영원히 아버지의 것입니다."입니다. 즉 그러므로 우리가 주님께 기도하는 그 모든 것은 주께서 우리의 왕이시며 만물의 창조자로서 우리에게 모든 선한 것을 베푸시길 원하시고 또 베푸실 수 있다는 것으로 인해 우리가 아니라, 주의 거룩한 이름이 영원토록 찬양 받아 마땅하다는 것입니다.

**129문. "아멘"이라는 단어가 의미하는 것은 무엇입니까?**

**대답.** "아멘"이란 "그것은 반드시 진실하고 확실합니다."라는 뜻입니다. 그렇다면 이것은 내가 그러한 것들을 하나님께 간절히 바라는 열망을 내 마음으로 느끼는 것보다 더 확실하게 하나님께서 내 기도를 들으신다는 [뜻]입니다.

**네덜란드 신앙고백**

이 책에 수록된 네덜란드 신앙고백은
정찬도 목사의 번역본으로, 허락을 받아 실었습니다.

### 제1조 한 분 하나님

우리 모두는 오직 한 분 하나님께서,

[1] 전적으로 단일하고 순전한 영적인 존재이심을[2] 마음으로 믿고 입술로 고백합니다.[3] 그는 영원하고,[4] 완전히 이해될 수 없으며,[5] 보이지 않으시며,[6] 변하지 않으시며,[7] 제한이 없으시고,[8] 전능하십니다.[9] 그는 완전히 지혜롭고,[10] 의롭고[11] 선하시며,[12] 그리고 모든 선이 흘러 나오는 원천이십니다.

> [1] 신 6:4; 고전 8:4, 6; 딤전 2:5 [2] 요 4:24 [3] 롬 10:10 [4] 시 90:2 [5] 롬 11:33 [6] 골 1:15; 딤전 6:16 [7] 약 1:17 [8] 왕상 8:27; 렘 23:24 [9] 창 17:1; 마 19:26; 계 1:8 [10] 롬 16:27 [11] 롬 3:25–26; 9:14; 계 16:5, 7 [12] 마 19:17. 참고. 사 40, 44, 그리고 46장.

### 제2조 하나님을 아는 방법

우리는 두 가지 방법을 통해 하나님을 압니다. 첫째는 온 세상의 창조, 보존 그리고 통치를 통해서입니다. 왜냐하면 온 세상은 우리 눈앞에 펼쳐진 아름다운 책으로,[1] 그 안의 모든 크고 작은 창조물들은 글자들처럼, 사도 바울이 로마서 1:20에서 말한 바와 같이 하나님에 대해 볼 수 없는 것들인, 그의 영원하신 능력과 신성을 우리로 보게 합니다. 이 모든 것들은 사람들로 확신케 하고 그들로 그 어떠한 핑계도 할 수 없을 정도로 충분합니다.

둘째는 하나님께서 그의 거룩하고 신적인 말씀을 통해[2] 보다 분명하고 보다 완벽하게, 즉 그의 영광과 그의 백성들의 구원을 위해 현세의 우리에게 필요한 만큼 자기 자신을 우리에게 알게 하십니다.

▌ [1] 시 19:2–5 [2] 시 19:8–9; 고전 1:18–21

### 제3조 하나님의 말씀

우리는 사도 베드로가 말한 바와 같이 이 하나님의 말씀이 사람의 뜻으로 나타난 것이 아니라, 성령의 감동하심을 받은 사람들이 하나님께 받아 말한 것임을(벧후 1:21) 믿습니다.

그 후에 하나님께서는 그의 특별한 방법으로, 우리와 우리의 구원을 위하여 자신의 종들, 선지자들과 사도들로, 그의 계시된 말씀을 기록하도록 명하셨고,[1] 하나님께서는 스스로 자신의 손가락으로 율법의 두 돌판을 기록하셨습니다.[2] 그러므로 우리는 그와 같은 기록들을 거룩하고 신적인 성경이라 부릅니다.[3]

▌ [1] 출 34:27; 시 102:19; 계 1:11, 19 [2] 출 31:18 [3] 딤후 3:16

### 제4조 정경

우리는 성경을 두 부분으로 나눕니다: 구약과 신약입니다. 이는 논쟁의 여지없이 정경입니다.

이것은 하나님의 교회에 다음과 같이 받아들여졌습니다.

구약의 책들에는 모세의 5권, 즉 창세기, 출애굽기, 레위기, 민수기, 신명기; 여호수아, 사사기, 룻기; 사무엘상하, 열왕기상하, 역대상하; 에스라, 느헤미야, 에스더, 욥기, 다윗의 시편; 솔로몬의 3권, 즉 잠언, 전도서, 아가; 대선지서 4권: 이사야, 예레미야(예레미야애가 포함), 에스겔, 다니엘; 이어서 소선지서 12권: 호세아, 요엘, 아모스, 오바댜, 요나, 미가, 나훔, 하박국, 스바냐, 학개, 스가랴, 말라기이 있습니다.

신약의 책들에는 복음서 4권 마태, 마가, 누가 그리고 요한; 사도행전; 사도 바울의 서신 14권: 로마서, 고린도전후서, 갈라디아서, 에베소서, 빌립보서, 골로새서, 데살로니가전후서, 디모데전후서, 디도서, 빌레몬서, 그리고 히브리서; 공동 서신 7권: 야고보서, 베드로전후서, 요한의 3 서신들, 유다서, 그리고 사도 요한의 계시록이 있습니다.

### 제5조 성경의 권위

우리는 이 모든 책들이, 그리고 오직 이것만이, 우리의 믿음을 규정하고, 기초하고, 그리고 확증시키는[1] 거룩한 정경으로 받아들입니다.[2] 그리고 어떠한 의심도 없이 우리는 그것에 포함되어 있는 모든 것들을 믿습니다.

우리는 교회가 이를 수용하고 정경으로 승인하였기 때문이 아니라, 무엇보다도 성령 하나님께서 우리 마음속에서 이것들이 하나님으로부터 왔음을 증거하기 때문입니다.[3] 또한 그 증거는 그 책들 자체에 놓여 있습니다. 왜냐하면 눈 먼 자들이라 할지라도 거기에 예언된 모든 것들이 실현되고 있음을 알 수 있기 때문입니다.[4]

[1] 딤후 3:16–17 [2] 살전 2:13 [3] 고전 12:3; 요일 4:6; 요일 5:6b [4] 신 18:21–22; 왕상 22:28; 렘 28:9; 겔 33:33

### 제6조 정경과 외경의 차이

우리는 이 거룩한 책들과 외경을 구분 짓습니다. 즉 외경에는 제3과 제4 에스라서, 토비트서, 유딧, 지혜서, 예수 시락, 바룩서, 에스더서 부록, 불 속의 세 남자 기도, 수산나의 역사서, 벨과 용, 므낫세의 기도, 그리고 마카비의 두 책이 있습니다.

교회는 이책들이 정경과 일치한다면 책들을 마땅히 읽고 그것에 대해 가르칠 수 있습니다. 하지만 외경들은 이 책들의 증거를 통해 기독교 혹은 신앙의 단 한 부분도 확증할 수 있는 그와 같은 능력과 권위를 가지지 못합니다. 더욱이 외경들은 성경의 권위를 손상시킬 수 있습니다.

## 제7조 성경의 완전성

우리는 성경이 하나님의 뜻을 완전히 담고 있으며, 인간이 구원을 얻기 위해 믿어야 하는 모든 것들을 충분히 가르치고 있음을 믿습니다.[1] 거기에는 하나님께서 우리가 그를 어떠한 방식으로 섬겨야 하는지 전부 다 기록되어 있습니다. 그러므로 우리가 성경을 통해 이미 배운 바와 다른 것을 가르치는 것은 심지어 그들이 사도들이라 할지라도 허락되지 않습니다.[2] 사도 바울이 말한 바와 같이, 하늘로부터 온 천사라도(갈 1:8) 하나님의 말씀에 그 무엇을 더하든지 혹은 거기에서 제하는 것을 금지합니다(신 12:32).[3] 하나님의 말씀이 가르치는 바는 완벽하고 모든 면에서 완전한 것임을 명백히 보여 줍니다.[4]

인간은 아무리 거룩한 인간의 저작물이라도 신적인 말씀과 동등할 수 없습니다. 왜냐하면 진리는 모든 것들보다 뛰어나기 때문입니다. 또한 하나님의 진리와 함께하지 않는 관습이나 다수의 고대의 제도, 시대의 계속된 진보 혹은 사람들의 계승, 혹은 공의회들, 법령들 혹은 규칙들도 마찬가지입니다.[5] 왜냐하면, 모든 사람들이 스스로 '거짓말쟁이'이고(시 116:11) 허무함 자체보다 더 허무하기 때문입니다.

따라서 우리는 이 불변의 원리와 일치하지 않는 모든 것을 전적으로 거부해야 합니다.[6] 그래서 사도들이 우리에게 "오직 영들이 하나님께 속하였나 분별하라"(요일 4:1) 그리고 "누구든지 이 교훈을 가지지 않고 너희에게 나아가거든 그를 집에 들이지도 말고 인사도 하지 말라"(요이 10)고 가르칩니다.

[1] 딤후 3:16–17; 벧전 1:10–12 [2] 고전 15:2; 딤전 1:3 [3] 신 4:2; 잠 30:6; 행 26:22; 고전 4:6; 계 22:18–19 [4] 시 19:8; 요 15:15; 행 18:28; 20:27; 롬 15:4 [5] 막 7:7–9; 행 4:19; 골 2:8; 요일 2:19 [6] 신 4:5–6; 사 8:20; 고전 3:11; 엡 4:4–6; 살후 2:2; 딤후 3:14–15

## 제8조 거룩한 삼위일체

우리는 이 진리와 하나님의 말씀에 따라 한 분 하나님을 믿습니다.[1]

그는 전적으로 한 본질이며, 세 위격 즉 성부, 성자, 그리고 성령으로 계십니다.[2] 이 세 분은 진실로 그리고 영원부터 그들의 비공유적 속성들에서 구별됩니다.

성부는 모든 가시적이고 불가시적인 것들의 원인, 근원, 그리고 시작입니다.[3] 성자는 말씀, 지혜, 그리고 성부의 형상입니다.[4] 성령은 성부와 성자로부터 나오는 영원한 힘과 능력입니다.[5]

그럼에도 불구하고, 이 구분은 참으로 삼위 하나님을 나누지 않습니다. 왜냐하면 성경은 우리에게 성부와 성자와 성령은 그들 각각 고유성을 가지고, 그들 속성에 따라 구별되지만, 삼위는 한 하나님이심을 가르치기 때문입니다. 그래서 성부는 성자가 아니고, 성자는 성부가 아닌 것은 명백합니다; 뿐만 아니라 성령도 성부 혹은 성자가 아닙니다.

그럼에도 불구하고, 이 구별되는 위격들은 나뉘거나 상호간에 섞이지 않습니다. 왜냐하면 성부는 우리의 살과 피를 취하지 않으시고 성령 역시 그러하지만, 오직 성자는 취하셨습니다. 성부는 그의 아들과[6] 그의 성령 없이 존재하지 않으시는데, 그 이유는 그들 셋 모두 동일한 본질 안에서 영원하기 때문입니다. 거기에는 먼저와 나중이 없는데, 왜냐하면 그들 셋 모두 진리, 능력, 선, 그리고 자비에 있어서 하나이기 때문입니다.

---

[1] 고전 8:4-6 [2] 마 3:16-17; 28:19 [3] 엡 3:14-15 [4] 잠 8:22-31; 요 1:14; 5:17-26; 고전 1:24; 골 1:15-20; 히 1:3; 계 19:13 [5] 요 15:26 [6] 미 5:2; 요 1:1-2

### 제9조 이 교리에 대한 성경의 증거

우리는 성경의 증거뿐 아니라[1] 삼위의 사역으로부터, 특별히 우리가 우리 자신 안에서 경험하게 되는 것들로부터 이 모든 것들을 압니다.

우리로 하여금 이 거룩한 삼위일체를 믿도록 가르치는 성경의 증거는 구약 성경의 많은 곳에서 찾을 수 있습니다. 우리는 그것들을 열거

할 필요가 없고 오직 몇몇 구절만 조심스럽게 선택하여 제시하면 됩니다. 창세기 1:26-27에서 하나님께서 말씀하시기를 "우리의 형상을 따라 우리의 모양대로 우리가 사람을 만들고", 그리고 "하나님이 자기 형상 곧 하나님의 형상대로 사람을 창조하시되 남자와 여자를 창조하시고"라고 하십니다. 또한 창세기 3:22에서 "보라 이 사람이 선악을 아는 일에 우리 중 하나 같이 되었으니"라고 말씀하십니다. 여기에서 신성 안에 한 위격 보다 더 많이 있음이 나타나는데, 왜냐하면 그가 "우리가 우리의 형상대로 사람을 만들고"라고 하셨고, 그가 "하나님께서 창조하시고"라고 말한 바와 같이 그가 그 이후 한 분이심을 나타내셨기 때문입니다.

하나님께서 명백하게 몇 분의 위격이 있는지 말하지 않으셨지만, 구약에서 우리에게 조금 흐릿했던 것이 신약에서 보다 선명해집니다. 왜냐하면 우리 주께서 요단강에서 세례받으실 때, 성부의 목소리가 들렸고, 그가 "이는 내 사랑하는 아들이요"(마 3:17)라고 말씀하셨고, 성자가 물속에 계실 때에 성령이 비둘기의 모양으로 나타나셨기 때문입니다.[2]

게다가 그리스도께서는 모든 신자들의 세례를 위해서 이 형식을 주셨는데, "너희는 모든 민족에게 아버지와 아들과 성령의 이름으로 세례를 주라"(마 28:19)입니다. 누가복음에서 가브리엘 천사가 주의 어머니 마리아에게 다음과 같이 말하기를: "성령이 네게 임하고 지극히 높으신 이의 능력이 너를 덮으시리니 이러므로 나실 바 거룩한 자는 하나님의 아들이라 일컬으리라"(눅 1:35)고 하였습니다. 또한 "주 예수 그리스도의 은혜와 하나님의 사랑과 성령의 교통하심이 너희 무리와 함께 있을지어다"(고후 13:13) 하였습니다. *

이 모든 구절들은 우리로 세 위격이 한 신적 본질 안에 있음을 분명하게 가르칩니다. 그리고 비록 이 가르침이 인간적 이해를 넘어선다 하더라도, 우리는 지금 말씀의 근거 위에 믿으며 우리가 하늘에서 완전한 지식과 열매를 즐거이 누리게 될 것을 기대합니다. 더 나아가, 우리는 또한 이 삼위의 각각이 우리에게 행하는 그 고유의 사역에 반드시 주목해야 합니다. 성부는 그의 능력으로 우리의 창조주로, 성자는 그의 피로 우리의 구원자와 구속주로, 성령은 우리 마음에 거하시며 우리의 거룩케 하시는 분으로 불립니다.

이 거룩한 삼위일체 교리는 사도들의 시대로부터 지금에 이르기까지 참된 교회가 유대교, 이슬람교와 거짓 그리스도인들 그리고 말시온, 마니교, 프락세아스, 사벨리우스, 사모사타의 바울, 아리우스 등과 같은 이단들 대항하여 항상 고수하여 왔습니다. 교부들이 그들을 정당하게 정죄하였습니다. 그러므로 우리는 교부들이 일치되게 확립한 사도신경, 니케아신경, 그리고 아타나시우스 신경을 공교회 신조들로 기꺼이 받아들입니다.

**[1]** 요 14:16; 15:26; 행 2:32–33; 롬 8:9; 갈 4:6; 딛 3:4–6; 벧전 1:2; 요일 4:13–14; 요일 5:1–12; 유 20–21; 계 1:4–5 **[2]** 마 3:16

* 헤임서(Heemse, 1984–1985) 총회에서 이 부분의 다음 문구가 삭제되었습니다: '그리고: 천국에서의 이 셋인 성부, 말씀, 그리고 성령은 분명히 증거됩니다; 그리고 이 셋은 하나입니다.'요한일서 5:7b 언급은 논란이 있는데 그 이유는 이 본문이 구 필사본에서 찾을 수 없기 때문입니다.

### 제10조 예수 그리스도의 신성

우리는 예수 그리스도께서 그의 신성에 있어서 영원으로부터 나신 하나님의 독생자이심을 믿습니다.[1] 그는 만들어지거나 피조되지 않으시고(왜냐하면 그렇게 되면 그가 창조물이 되기 때문입니다) 성부와 한 본질이고, 함께 영원하시며, 모든 것에서 그와 동등하십니다.[2] 성경은 그를 "하나님의 영광의 광채시요 그 본체의 형상"(히 1:3)이라 부릅니다.

그가 하나님의 아들이심은 그가 우리의 본성을 취하신 이후뿐 아니라 영원부터입니다.[3] 우리가 증거구절들을 각각 비교해볼 때 우리에게 다음 구절들은 우리에게 가르침을 줍니다.

모세는 하나님께서 세상을 창조하셨음을 말하고,[4] 사도 요한은 하나님으로 불리는 말씀을 통해 모든 것들을 창조하셨습니다.[5] 사도는 하나님께서 그의 아들을 통해 세상을 창조하셨고[6] 동시에 하나님께서 예수 그리스도를 통해 모든 것들을 창조하셨음을 말합니다.[7] 그러므로 하나님, 말씀, 아들, 그리고 예수 그리스도라 불리는 그는 모든 것들이 그에 의해 창조되었을 때 이미 그가 거기에 계셨습니다. 미가 선지자역시 "그의 근본은 상고에, 영원에 있느니라"(미 5:2)라고 말하였습니다. 그리고 히브리서는 그는 시작한 날도 없고 생명의 끝도 없으시다(히 7:3)고 말하였습니다.

그러므로 그는 전능자로써 우리가 간구하고, 예배하고, 섬길 참되고 영원하신 전능한 하나님이십니다.

[1] 마 17:5; 요 1:14, 18; 요 3:16; 14:1-14; 20:17, 31; 롬 1:4; 갈 4:4; 히 1:2; 요일 5:5, 9-12 [2] 요 5:18, 23; 요 10:30; 14:9; 20:28; 롬 9:5; 빌 2:6; 골 1:15; 딛 2:13; 히 1:3; 계 5:13 [3] 요 8:58; 17:5; 히 13:8 [4] 창 1:1 [5] 요 1:1-3 [6] 히 1:2 [7] 고전 8:6; 골 1:16

### 제11조 성령의 신성

우리는 또한 성령을 영원부터 성부와 성자로부터 나오신 것을 믿고 고백합니다. 그는 만들어지거나 창조되지 아니하였고 또한 나시지도 않으셨습니다. 우리는 오직 성부와 성자로부터 나오신다고 말할 뿐입니다.[1] 성경이 우리에게 가르치는 바와 같이[2] 그는 순서에 있어서 삼위일체의 세 번째 위격이지만, 본질, 위엄 그리고 영광에 있어서 성부와 성자와 동일하고, 참되고 영원한 하나님이십니다.

[1] 요 14:15-26; 15:26; 롬 8:9 [2] 창 1:2; 마 28:19; 행 5:3-4; 고전 2:10; 3:16; 6:11; 요일 5:6

### 제12조 세상의 창조: 천사들

우리는 성부가 그의 말씀을 통해(즉 그의 아들을 통해) 하늘, 땅, 그리고 모든 피조물들을 무에서 창조하셨고, 그것이 성부께 좋게 여겨졌음을 믿습니다.[1] 또한 그는 모든 피조물에 그 존재와 모양을 주셨고 그들 고유의 임무로 그의 창조주를 섬기도록 하셨습니다. 또한 지금도 여전히 그의 영원한 작정과 그의 무한한 능력에 따라 그 모든 것들을 이 상태로 유지하고 그들을 통치하여서, 인간으로 그의 하나님을 섬길 수 있도록 모든 것들이 인간을 섬기게 하였습니다. 그는 또한 천사들을 그의 사자들이 되게 하고 그의 택자들을 섬기게 하고자 선하게 창조하셨습니다.[2]

그 천사들 중 일부는 하나님께서 창조하신 그 높은 지위에서 영원한 파멸로 떨어졌으나,[3] 하나님의 은혜로 인해 다른 천사들은 그 자리를 지켰고 그들의 원래의 지위에 확고하게 유지하였습니다. 마귀들과 악한 영들은 그렇게 타락하여 하나님과 모든 선한 것들의 원수가 되었습니다.[4] 그들은 마치 살인자처럼 모든 능력으로 그들의 간계를 통해 모든 것들을 파괴하고 망가뜨려서 교회와 교회의 모든 성도들을 멸망케 합니다.[5] 그러므로 그들은 그들의 모든 악함으로 말미암아 영원한 형벌을 받아 날마다 그들의 무서운 고통들을 기다립니다.[6]

그러므로 우리는 영들과 천사들의 존재를 부인하는 사두개인들의 오류를 미워하고 배격합니다.[7] 그리고 또한 마귀는 그들 스스로 그들의 근원을 가지고 악하여진 것을 거부하고 본성상 악하다 말하는 마니교의 오류를 배격합니다.

[1] 창 1:1; 2:3; 사 40:26; 렘 32:17; 골 1:15-16; 딤전 4:3; 히 11:3; 계 4:11 [2] 시 103:20-21; 마 4:11; 히 1:14 [3] 요 8:44; 벧후 2:4; 유 6 [4] 창 3:1-5; 벧전 5:8 [5] 엡 6:12; 계 12:4, 13-17; 20:7-9 [6] 마 8:29; 25:41; 계 20:10 [7] 행 23:8

### 제13조 하나님의 섭리

우리는 선하신 하나님께서 만물을 창조하신 후에 그것들을 자기 자신으로부터 유기하지도 않으시고, 혹은 우연이나 운명으로부터 포기하지 않으시고,[1] 그의 거룩한 뜻에 따라 그것들을 다스리고 통치하고,

이 세상에서 그의 결정 없이는 어떠한 것도 일어나지 않음을 믿습니다.[2] 그럼에도 불구하고 하나님께서는 발생하는 그 죄의 조성자가 아닐 뿐 아니라 그가 그것의 그 어떠한 책임도 지지 않습니다.[3] 왜냐하면 그의 능력과 선하심은 너무나도 크고 우리의 이해를 훨씬 뛰어넘기에, 비록 마귀나 악인들이 물의하게 행한다 하더라도 그가 그의 일을 다시 선하고 의롭게 명하시고 행하십니다.[4] 그리고 인간의 이해를 넘어서는 그의 행위들은 우리의 이해가 닿지 않는다고 호기심으로 연구해서는 안 됩니다. 그러나 우리는 모든 겸손과 경외함으로 우리에게 감춰진 하나님의 의로운 판단을 경배합니다.[5] 우리는 우리가 그리스의 학생들로서 오직 그가 우리에게 그 한계를 넘어서는 것 없이 그의 말씀을 통해 우리를 가르치는 모든 것에 만족합니다.[6]

이 교리는 우리에게 말할 수 없는 위로를 주는데, 마치 우리가 어떠한 것도 우연히 우리에게 일어날 수 없고, 오직 우리의 은혜로우신 하늘 아버지의 뜻을 통해 모든 것이 우리에게 일어남을 이해하며 배웁니다. 하나님은 우리에게 부성적 돌보심으로 우리를 감찰하시고, 동시에 그는 우리 머리의 머리카락 하나까지 모든 피조물들을 지배하십니다. 왜냐하면 우리 아버지께서 허락하지 아니하시면 그 하나도 땅에 떨어지지 아니하기 때문입니다(마 10:29-30). 여기에서 우리는 우리의 확신을 말할 수 있는 이유는 그가 마귀들과 모든 우리의 원수들을 제어하고 계시고 그들이 우리를 그의 허락과 뜻 없이는 해할 수 없음을 알기 때문입니다.[7]

그러므로 우리는 에피쿠로스학파의 가증스러운 오류인 하나님은 스스로 어느 곳에도 관여치 않으시고 모든 것을 우연으로 두셨다는 말을 배격합니다.

---

[1] 요 5:17; 히 1:3 [2] 시 115:3; 잠 16:1, 9, 33; 21:1; 엡 1:11; 약 4:13-15 [3] 약 1:13; 요일 2:16 [4] 욥 1:21; 사 10:5; 45:7; 암 3:6; 행 2:23; 4:27-28 [5] 왕상 22:19-23; 롬 1:28; 살후 2:11 [6] 신 29:29; 고전 4:6 [7] 창 45:8; 50:20; 삼하 16:10; 롬 8:28, 38-39

### 제14조 인간의 창조: 그의 타락과 그의 부패

우리는 하나님께서 인간을 땅의 흙으로 빚으셨고[1] 그의 형상과 모양대로 선하고 의롭고 거룩하게 만드시고 형성하셨음을 믿습니다.[2] 그래서 인간은 모든 것에 있어서 그의 뜻과 하나님의 뜻과 일치할 수 있었음을 믿습니다. 그러나 인간은 영광스러운 위치에 있을 때, 그것을 무시하였고 그의 특권의 장소를 이해하거나 인지하지 못했습니다. 인간은 스스로 마귀의 말을 귀를 기울임으로써 죄와 더불어 사망과 저주에 고의적으로 복종하였습니다.[3] 왜냐하면 인간은 그가 받은 생명의 계명을 어겼기 때문에 그 죄로 인해 그의 참된 생명이신 하나님과의 관계가 깨어졌습니다. 그래서 그는 그의 본성이 전적으로 부패하였을 뿐 아니라 육적이고 영적인 죽음을 얻었습니다.[4] 그러므로 그는 모든 그의 행위에서 악하고 완악하고 부패해졌고, 그는 하나님으로부터 부여받은 모든 탁월한 은사들을 상실하였습니다.[5] 그러나 인간은 남은 것이라고는 작은 흔적 말고는 아무 것도 없지만, 그럼에도 불구하고 그 흔적으로도 어떠한 변명도 할 수 없을 정도로 충분합니다.[6] 우리 안에 있는 모든 빛은 항상 어둠으로 변하였는데, 성경이 우리에게 가르치는 것과 같습니다: "빛이 어둠에 비치되 어둠이 깨닫지 못하더라" (요 1:5). 여기서 사도 요한은 사람들을 어둠이라 부릅니다. 그러므로 우리는 이것과 관련하여 인간의 자유의지에 대한 논쟁에서 인간에 대한 모든 것을 거부하는 이유는 인간은 오직 죄의 종이요 하늘에서 주신 바 아니면 사람이 아무 것도 받을 수 없기(요 3:27) 때문입니다. 왜냐하면 그리스도께서 "나를 보내신 아버지께서 이끌지 아니하시면 아무도 내게 올 수 없으니"(요 6:44)라고 말씀하셨기 때문에, 그 자신의 능력으로 선한 것을 행할 수 있다고 누가 자랑할 수 있을까요? 육신의 생각은 하나님과 원수(롬 8:7)인 것을 그가 아는 바와 같이 누가 그 자신의 의지를 드러낼 수 있을까요? 그가 육에 속한 사람은 하나님의 성령의 일을 받지 아니함(고전 2:14)을 보았을 때, 누가 자신의 지식에 대해 말하려는 용기를 가질까요? 요약하면, 그가 "우리가 무슨 일이든지 우리에게서 난 것 같이 스스로 만족할 것이 아니니 우리의 만족은 오직 하나님으로부터 나느니라"(고후 3:5)를 안다면, 누가 그 자신의 생각을 내세울 수 있을까요?

그러므로 사도의 말인 "너희 안에서 행하시는 이는 하나님이시니 자기의 기쁘신 뜻을 위하여 너희에게 소원을 두고 행하게 하시나니"(빌 2:13)는 확고하게 붙잡아야 합니다. 왜냐하면 마치 그리스도께서 그가 우리에게 "나를 떠나서는 너희가 아무 것도 할 수 없음이라"(요 15:5)는 말씀을 가르치신 것과 같이 그리스도께서 그것을 인간에게 가져다주지 않으신다면, 하나님의 지식과 뜻과 일치하는 그 어떠한 지식과 뜻이 없기 때문입니다.

[1] 창 2:7; 3:19; 전 12:7 [2] 창 1:26–27; 엡 4:24; 골 3:10 [3] 창 3:16–19; 롬 5:12 [4] 창 2:17; 엡 2:1; 4:18 [5] 시 94:11; 롬 3:10; 8:6 [6] 롬 1:20–21 [7] 엡 5:8

### 제15조 원죄

우리는 아담의 불순종으로 말미암아 원죄가 모든 인류에게 퍼졌음을 믿습니다.[1] 원죄는 본성의 전적 부패이며[2] 심지어 모태에 있는 유아들에게도 전해지는 유전적 악입니다.[3] 즉 원죄는 인간에게서 나오는 모든 종류의 죄들의 근원입니다. 그러므로 원죄는 하나님 앞에서 매우 끔찍하고 악하여서 인류를 정죄하기에 충분한 이유가 됩니다.[4]

뿐만 아니라 원죄는 세례를 통해서도 전부 제거되거나 사라지지 않는데, 그 이유는 죄는 마치 오염된 근원에서 샘솟는 물과 같이 항상 이 부패로부터 나오기 때문입니다.[5] 그러나 원죄는 하나님의 자녀들에게 전가되어 정죄에 이르지 아니하고, 하나님의 은혜와 자비로 용서받게 되며,[6] 그렇다고 해서 신자들이 죄 가운데 부주의하게 살라는 것이 아니라, 그들로 이 부패에 대한 인식으로 인해 "이 사망의 몸에서 누가 나를 건져내랴"(롬 7:24)의 간절함으로 탄식케 합니다. 이러한 점에서 우리는 죄는 오직 모방으로부터 나온다는 펠라기우스파의 오류를 거부합니다.

**1** 롬 5:12–14, 19 **2** 롬 3:10 **3** 욥 14:4; 시 51:5; 요 3:6; **4** 엡 2:3 **5** 롬 7:18–19 **6** 엡 2:4–5

### 제16조 하나님의 영원한 선택

우리는 아담의 모든 후손들이 첫 사람의 죄로 인해 멸망과 파멸에 이르렀을 때,**1** 하나님께서는 그가 자비로우시고 의로우심을 입증하심을 믿습니다. 자비로우시다 함은, 그가 그의 영원하고 불변하는 경륜에 따라**2** 우리 주**3** 예수 그리스도 안에서 그들의 공로가 아닌 순전한 은혜로 택함 받은 자들을**4** 그 파멸로부터 이끌어 내사**5** 구원하시기 때문입니다. 의로우시다 함은, 그가 다른 사람들을 그들 스스로가 빠져든 타락과 파멸에 내버려 두시기 때문입니다.**6**

**1** 롬 3:12 **2** 요 6:37, 44; 10:29; 17:2, 9, 12; 18:9 **3** 요 15:16; 롬 8:29; 엡 1:4–5 **4** 삼상 12:22; 시 65:5; 행 13:48; 롬 9:16; 11:5; 딛 1:1 **5** 말 1:2–3; 롬 9:11–13; 딤후 1:9; 딛 3:4–5 **6** 롬 9:19–22; 벧전 2:8

### 제17조 구원자의 약속

우리는 인간 스스로 육체적이고 영적인 죽음에 빠지게 되었고 스스로 완전히 비참하게 되었으며, 하나님으로부터 떨며 도망칠 때에,**1** 우리의 선하신 하나님께서 그의 놀라운 지혜와 선하심으로 친히 인간들을 찾으심을 믿습니다. 하나님께서는 그의 아들을 인간에게 주신다는 약속으로 인간을 위로하셨습니다. 즉 그의 아들이 "여자에게서 나게 하시고"(갈 4:4), "뱀의 머리를 상하게 할 것이며"(창 3:15) 그리고 인간을 영원히 복되게 만드실 것입니다.**2**

**1** 창 3:9 **2** 창 22:18; 사 7:14; 요 1:14; 5:46; 7:42; 행 13:32; 롬 1:2–3; 갈 3:16; 딤후 2:8; 히 7:14

### 제18조 하나님의 아들의 성육신

그러므로 우리는 하나님께서 그의 거룩한 선지자들의 입을 통해[1] 조상들에게 주신 약속을 정하신 때에 이 세상에 보내신 그 자신의, 하나님의 영원하신 독생자를 통해 성취하심을 고백합니다.[2] 그는 "종의 형체를 가지사 사람들과 같이 되셨고"(빌 2:7) 진실로 인간의 모든 연약함을 취하셨지만,[3] 죄는 없으십니다.[4] 그는 인간의 행위가 아니라 성령의 능력으로 말미암아 동정녀 마리아의 몸에서 잉태되었습니다.[5] 그는 실제적 인간이 되시고자 육체와 관련하여서만 인성을 취하신 것이 아니라 참된 인간의 영혼까지도 취하셨습니다. 왜냐하면 영혼뿐 아니라 육체도 잃어버림으로 말미암아 그가 둘 다 구원하고자 둘 다 취하셔야만 했기 때문입니다.

따라서 그리스도께서 그의 어머니로부터 인성을 취하셨음을 부인하는 재세례파 이단에 대항하여, 우리는 고백하기를, "그가 하나님의 자녀들과 같이 동일한 혈과 육에 속하며"(히 2:14); "그가 다윗의 허리에서 난 씨요"(행 2:30), "육신으로는 다윗의 혈통에서 나셨고"(롬 1:3); "마리아의 복중 열매이며"(눅 1:42); "여자에게서 나시고"(갈 4:4); "다윗의 가지시며"(렘 33:15); "이새의 줄기에서 나신 싹이며"(사 11:1); "유다로부터 나시며"(히 7:14); "육신으로 하면 유대인으로 나셨으며"(롬 9:5); "아브라함의 후손들로부터"[6] 나셨으며, "그는 범사에 그의 형제들과 같이 되셨으나" 죄는 없으십니다(히 2:16-17; 4:15). 그래서 그는 진실로 우리의 "임마누엘" 곧 "하나님이 우리와 함께 계심"이십니다(마 1:23).

[1] 창 26:4; 삼하 7:12-16; 시 132:11; 눅 1:55; 행 13:23 [2] 갈 4:4 [3] 딤전 2:5; 3:16; 히 2:14 [4] 고후 5:21; 히 7:26; 벧전 2:22 [5] 마 1:18; 눅 1:35 [6] 갈 3:16

### 제19조 그리스도의 두 본성

우리는 성자의 인격이 잉태를 통해 인성과 불가분적으로 연합되고 연결되어 있음을 고백합니다.[1] 그렇다고 해서 하나님의 두 아들이 있거나 두 인격이 아니라, 두 본성이 한 인격 안에 연합되어 있으며, 각 본성은 그 자체의 구별된 속성을 가집니다. 그 신성은 항상 창조되지 아니하며, "시작한 날도 없고 생명의 끝도 없이"(히 7:3), 그리고 하늘과 땅에 충만하십니다.[2] 그와 같이 그 인성도 그 자체의 속성을 상실하지 않으시지만, 시작된 날이 있고, 유한하고 실제 몸에 속한 모든 것을 소유하신 피조물로 머무십니다.[3] 성자는 그의 부활을 통해 불멸성을 그 인성에 부여하지만, 그는 그의 인성의 참됨이 변하지 않았습니다.[4] 왜냐하면 우리의 구원과 우리의 부활이 그의 몸의 참됨에 달려 있기 때문입니다.[5]

이 두 본성은 심지어 그의 죽음으로도 분리되지 않듯이 한 인격 안에 연합되어 있습니다. 그러므로 그의 죽음에서 그가 그의 아버지 손에 의탁하신 것은 그의 몸을 떠난 참된 사람의 영이었습니다;[6] 그러나 신성은 심지어 그가 그의 무덤에 놓여 있을 때조차도 항상 그 인성과 연합되어 있습니다.[7] 신성은 그가 어린 아이였을 때 그 안에 있었던 것처럼, 비록 그것이 아주 짧은 시간 동안 그 자체를 드러내지 않았다 하더라도, 그 안에서 계속해서 존재하였습니다. 그러므로 우리는 그가 참 하나님이요 참 사람이심을 고백합니다; 참 하나님으로써 그의 능력으로 말미암아 죽음을 이기셨고, 참 사람으로써 그의 육체의 연약함에 따라 우리를 위해 죽으셨습니다.

[1] 요 1:14; 10:30; 롬 9:5; 빌 2:6–7 [2] 마 28:20 [3] 딤전 2:5 [4] 마 26:11; 눅 24:39; 요 20:25; 행 1:3; 1:11; 3:21; 히 2:9 [5] 고전 15:21; 빌 3:21 [6] 마 27:50 [7] 롬 1:4

### 제20조 그리스도 안에 있는 하나님의 공의와 자비

우리는 완전히 자비롭고 공의로우신 하나님께서 그의 아들을 보내사 불순종을 행한 본성을 취하게 하고[1] 스스로 죄값을 치르고 그의 지독한 고난과 죽음을 통해 죄를 위한 죽음을 담당케 하셨음을[2] 믿습니다. 그래서 하나님께서는 우리의 허물을 그에게 감당케 하심으로 인해 그의 공의를 그의 아들에게 드러내셨습니다.³ 그는 그의 선과 자비를 범죄하고 심판 받아 마땅한 우리를 위해 쏟아 부었습니다. 왜냐하면 그가 그의 완전한 사랑 안에서 그의 아들을 우리를 위해 죽게 하셨고 우리가 그로 말미암아 불명과 영생을 소유하게 되며 우리의 의롭다 하기 위해 다시 살리셨기 때문입니다.⁴

▌ ¹롬 8:3 ²히 2:14 ³롬 3:25-26; 8:32 ⁴롬 4:25

### 제21조 그리스도를 통한 속죄

우리는 예수 그리스도께서 하나님의 맹세로 확정하신 멜기세덱의 반차를 따라 영원한 대제사장이심을 믿습니다.¹ 그는 완전한 속죄를 통해 하나님의 진노를 누그러뜨리기 위해 그의 아버지를 위해 우리를 대신하여 스스로를 주셨습니다.² 그곳에서 선지자들이 예언한 바와 같이³ 우리가 우리의 죄를 깨끗케 하고자⁴ 그는 자기 자신을 십자가 희생제사로 드리셨고 그의 보배로운 피를 흘리셨습니다.

왜냐하면 기록되기를, 하나님의 아들께서 징계를 받음으로 우리가 평화를 얻었고 그가 채찍에 맞음으로 우리가 나음을 얻었습니다;⁵ 그는 도수장으로 끌려가는 어린 양과 같고 범죄자 중 하나로 헤아림을 받았습니다⁶(사 53:5, 7, 12); 비록 본디오 빌라도가 그를 무죄하다 선언하였지만, 그는 본디오 빌라도에 의해 범죄자로 심판받았습니다.⁷ 그래서 그가 빼앗지 아니한 것도 물어 주게 되었고(시 69:4), 그리고 의인으로서 불의한 자를 대신하셨으며⁸(벧전 3:18), 그는 우리의 죄로 말미암아 얻게 될 끔찍한 심판을 몸과 영혼 모두⁹ 느끼셨고, 그의 땀은 땅에 떨어지는 핏방울 같이" 되었습니다(눅 22:44). 그가 "나의 하나님, 나의 하나님, 어찌하여 나를 버리시나이까?"(마 27:46)라고 부르짖으셨고 우리의 죄에 대한 용서를 구하기 위해 이 모든 것들을 감당하셨습니다. 그러므로 우리는 바울과 함께 정당하게 말하기를, 우리는 예수 그리스도와 그가 십자가에 못 박히신 것 외에는 아무 것도 알지 않고자 합니다(고전 2:2). 우리가 모든 것을 해로 여기는 것은, "내

주 그리스도 예수를 아는 지식이 가장 고상하기 때문이라"(빌 3:8)고 하였습니다. 우리는 그의 상함으로 우리의 모든 위로를 발견하고 우리 자신을 하나님과 화해할 다른 어떤 방법을 찾거나 만들 필요가 없음은 신자들을 한 번의 제사로 영원히 온전하게 하셨기 때문입니다(히 10:14).[10] 그러므로 하나님의 천사가 그를 예수, 곧 구원자로, "이는 그가 자기 백성을 저희 죄에서 구원할 자"이기 때문입니다(마 1:21).[11]

[1] 시 110:4; 히 7:15-17 [2] 롬 4:25; 5:8-9; 8:32; 갈 3:13; 골 2:14; 히 2:9; 2:17; 9:11-15 [3] 눅 24:25-27; 롬 3:21; 고전 15:3 [4] 행 2:23; 빌 2:8; 딤전 1:15; 히 9:22; 벧전 1:18-19; 요일 1:7; 계 7:14 [5] 벧전 2:24 [6] 막 15:28 [7] 요 18:38 [8] 롬 5:6 [9] 시 22:16 [10] 히 7:26-28; 9:24-28 [11] 눅 1:31; 행 4:12

### 제22조 그리스도를 믿는 믿음을 통한 칭의

우리는 성령께서 우리로 이 위대한 신비에 대한 참된 지식을 획득케 하고자 우리 마음에서 참된 믿음을 일으키신다고[1] 믿습니다. 우리는 이 믿음으로 예수 그리스도와 그의 모든 공로를 받아들이며, 그를 우리의 소유로 만들며 그 외에 다른 어떤 것도 구하지 않는 것임을 믿습니다.[2] 왜냐하면 둘 중 하나이기 때문입니다. 우리 구원에 필요한 모든 것이 예수 그리스도 안에 없든지, 혹은 그 안에 모든 것이 있다면, 믿음으로 예수 그리스도를 소유한 자는 그의 모든 구원을 얻든지 입니다.[3] 그래서 사람들이 그리스도가 충분하지 않거나, 그 옆에 여전히 다른 어떠한 것이 필요하다고 주장한다면, 그것은 끔찍한 불경죄입니다. 그로 인해 그리스도는 단지 반쪽자리 구원자가 되는 것입니다.

그러므로 우리는 바울과 함께 우리는 오직 믿음으로, 혹은 행위 없는 믿음으로 의롭게 된다고[4](롬 3:28) 바르게 말해야 합니다. 우리는 엄밀히 말해서 믿음 그 자체가 우리를 의롭게 한다고 말할 수 없는 이유는 믿음은 우리가 그리스도를 우리의 의로 받아들이는[5] 단 하나의 방편이기 때문입니다. 그러나 그가 우리를 위해 그리고 우리를 대신해서 행하신[6] 모든 그의 공로와 모든 그의 거룩한 일들을 우리에게 전가

하셨기 때문에 예수 그리스도는 우리의 의가 되십니다. 그리고 믿음은 우리가 그와 함께 그의 모든 유익들과 선물과의 교제에 연합케 하는 수단입니다. 이것이 우리의 것이 되듯이, 그것들은 우리의 죄로부터 우리를 자유케 하기에 충분하고도 남습니다.

[1] 요 16:14; 고전 2:12; 엡 1:17-18 [2] 요 14:6; 행 4:12; 갈 2:21 [3] 시 32:1; 마 1:21; 눅 1:77; 행 13:38-39; 롬 8:1 [4] 롬 3:19-4:8; 롬 10:4-11; 갈 2:16; 빌 3:9; 딛 3:5 [5] 고전 4:7 [6] 렘 23:6; 마 20:28; 롬 8:33; 고전 1:30-31; 고후 5:21; 요일 4:10

### 제23조 그리스도 안에 있는 하나님 앞에서 우리의 의

우리는 우리의 구원이 예수 그리스도로 말미암아 우리의 죄가 용서 받음에 놓여 있음을 믿습니다. 거기에 하나님 앞에서의 우리의 의가 놓여 있습니다.[1] 다윗과 바울이 가르치는 바와 같이 우리에게 일한 것이 없이 하나님께 의로 여기심을 받는 사람의 복(시 32:2; 롬 4:6)을 선포합니다. 그리고 동일한 사도가 다른 곳에서 말하기를, "그리스도 예수 안에 있는 속량으로 말미암아 하나님의 은혜로 값 없이 의롭다 하심을 얻은 자 되었느니라"[2](롬 3:24) 합니다. 그러므로 우리는 항상 이 근거를 확고히 붙들어야 합니다. 그로 인해 우리는 모든 영광을 하나님께 드려야 하고,[3] 동시에 우리 스스로를 겸손히 낮추고 우리가 어떠한 공로 혹은 우리 자신의 어떠함조차도 내세울 수 없는 그런 종류의 사람임을 고백합니다.[4] 우리는 십자가에 못 박히신 그리스도의 순종에 의존하고 거기에 기댑니다.[5] 그리고 이 순종은 우리가 그를 믿을 때 우리의 것이 됩니다.[6] 그의 순종은 우리의 모든 불의를 덮어주기에 충분합니다. 그것은 떨면서 무화과나무 잎으로 가리길 원했던 우리 첫 조상 아담처럼 행하지 않고,[7] 우리의 양심을 두려움, 공포 그리고 불안으로부터 자유케 하고 우리에게 하나님께 나아가도록 하는 용기를 줍니다. 그리고 실제적으로, 만약 우리가 하나님 앞에서 나타내야 하면서도, 동시에 조금이라도 우리 자신이나 혹은 다른 피조물을 의지하고

자 한다면, 아, 우리는 망하는 것입니다![8] 그러므로 누구든지 다윗과 함께 말해야 합니다. 주여, "주의 종에게 심판을 행하지 마소서 주의 눈 앞에는 의로운 인생이 하나도 없나이다"(시 143:2).

[1] 요 2:1 [2] 고후 5:18; 엡 2:8; 딤전 2:6 [3] 시 115:1; 계 7:10–12 [4] 고전 4:4; 약 2:10 [5] 행 4:12; 히 10:20 [6] 롬 4:23–25 [7] 창 3:7; 습 3:11; 히 4:16; 요일 4:17–19 [8] 눅 16:15; 빌 3:4–9

### 제24조 성화

우리는 하나님의 말씀을 들음과 성령의 역사를 통해[1] 사람 속에서 일어나는 이 참된 믿음이 그를 중생케 하며 그를 새 사람으로 만듦을 믿습니다.[2] 이 참된 믿음은 사람으로 새 생명 안에 살게 하고 그를 죄의 종에서 자유케 합니다.[3]

그러므로 이 의롭게 하는 믿음이 사람들로 경건하고 거룩한 삶에 대해 무관심하게 만든다는 것은 옳지 않습니다.[4] 반대로, 그들은 이 믿음 없이 하나님을 위한 사랑의 그 어떠한 행위도 결코 할 수 없으며, 오직 자기 사랑이나 심판에 대한 두려움에서 행할 뿐입니다. 그러므로 인간에게서 이 거룩한 믿음이 그 어떠한 것도 역사하지 않는다는 것은 불가능합니다. 우리는 항상 열매 맺지 못하는 믿음이 아니라 성경에서 말한 바와 같이 "사랑으로써 역사하는"(갈 5:6) 믿음으로 말합니다. 이 믿음은 사람으로 하나님께서 그의 말씀 안에 명령하신 행위들을 친히 연습케 합니다. 마치 이 행위들이 믿음의 선한 뿌리로부터 나오듯이, 그것들은 그의 은혜로 말미암아 모두 거룩하게 되었기 때문에 선하고 하나님을 기쁘시게 합니다.

그럼에도 불구하고 이것들은 우리의 칭의에 있어서 아무런 가치도 가져오지 못합니다. 심지어 우리가 선행을 하기 전에, 우리는 그리스도를 믿음으로 말미암아 의롭게 됩니다.[6] 그렇지 않다면 나무의 열매가 좋지 않든지, 그 나무가 좋지 않기 때문에 이러한 행위들이 좋을 수가 없는 것입니다.[7] 그래서 우리는 선행을 행하지만, 그것으로 인해 그 어떠한 것도 얻지 못합니다.

그렇다면, 우리는 무엇을 얻을 수 있을까요? 우리는 우리가 행하는 선행에 있어서 하나님께 빚이 있지만, 그는 우리에게 빚이 없습니다.[8] 왜냐하면 하나님은 그의 기쁘신 뜻을 위해 우리 안에 있는 소원과 일하심 둘 다를 행하시기 때문입니다(빌 2:13). 그러므로 우리는 다음의 말씀을 명심하고자 합니다: "이와 같이 너희도 명령 받은 것을 다 행한 후에 이르기를 우리는 무익한 종이라 우리가 하여야 할 일을 한 것뿐이라 할지니라"(눅 17:10). 그럼에도 불구하고 우리는 하나님께서 그 선행들에 상 주심을 부인하지 않으며,[9] 그의 은혜로 말미암아 그의 선물들을 주십니다.

더 나아가, 우리가 모든 선행들을 행하지만, 우리는 우리의 구원이 거기에 근거하지 않습니다. 왜냐하면 우리는 그 어떠한 행위도 할 수 없는데, 죄인으로써 오염되었기 때문에 형벌 받아 마땅합니다.[10] 그리고 우리는 단 하나의 선행을 보여줄 수 있다 하더라도, 한 가지 죄에 대한 생각으로도 하나님께서 보시고 거절하기에 충분합니다.[11] 이와 같이 우리 구원의 고통과 죽음의 유익에 기초하지 않는다면, 우리는 항상 어떠한 확신도 없이 방황하며 의심 가운데 살고, 우리의 가난한 양심은 항상 괴로워할 것입니다.[12]

[1] 행 16:14; 롬 10:17; 고전 12:3 [2] 겔 36:26-27; 요 1:12-13; 3:5; 엡 2:4-6; 딛 3:5; 벧전 1:23 [3] 요 5:24; 8:36; 롬 6:4-6; 요일 3:9 [4] 갈 5:22; 딛 2:12 [5] 요 15:5; 롬 14:23; 딤전 1:5; 히 11:4, 6 [6] 롬 4:5 [7] 마 7:17 [8] 고전 1:30-31; 4:7; 엡 2:10 [9] 롬 2:6-7; 고전 3:14; 요이 8; 계 2:23 [10] 롬 7:21 [11] 약 2:10 [12] 합 2:4; 마 11:28; 롬 10:11

### 제25조 그리스도 율법의 완성

우리는 율법에 기록된 옛 언약과 의식의 그림자인 제사가 그리스도의 오심과 함께 끝이 났고, 이 모든 그림자들은 성취되었음을 믿습니다.[1] 그러므로 그리스도인들은 이를 더 이상 유지할 필요가 없습니다. 그러나 그 율법의 진리와 내용은 율법을 성취하신 그리스도 예수 안에

서 여전히 우리를 위해 남아 있습니다. [2]

또한 우리는 복음 안에서 우리에게 확실케 하고 또한 하나님의 뜻과 일치하여 그의 영광을 높이는 데 있어 모든 순결함 속에서 우리로 살게 하고자 여전히 율법과 선지자들로부터의 증거들을 사용합니다.

[1] 마 27:51; 롬 10:4; 히 9:9-10 [2] 마 5:17; 갈 3:24; 골 2:17 [3] 롬 13:8-10; 15:4; 벧후 1:19; 3:2

### 제26조 그리스도 우리의 유일한 중보자

우리는 오직 유일한 중보자요[1] 대언자 되시며 의로우신[2] 예수 그리스도를 통하지 않고서는 하나님께 나아갈 길이 없음을 믿습니다. 이를 위해 우리 인간들에게 신적 위엄으로 나아가는 길을 주고자, 그는 사람이 되시었고 신성과 인성이 연합되었습니다.[3] 그렇지 않고서는, 우리를 위한 길이 막히게 될 것입니다. 그러나 성부가 우리에게 그 자신과 우리 사이에 주신 이 중보자는 우리가 우리 통찰에 따라 다른 것을 찾도록 우리를 그의 위대하심으로 말미암아 우리를 두렵게 하지 않으십니다. 왜냐하면 하늘과 땅에서 피조물 아래 아무도 예수 그리스도보다 우리를 더 사랑하지 않기 때문입니다.[4] 비록 그는 하나님의 본체시나, 스스로를 비워 종의 형체를 취하셨고(빌 2:6-7), 범사에 그의 형제들과 같이 되셨습니다(히 2:17).

만약 우리가 우리에게 더 좋은 또 다른 중보자를 찾아야만 한다면, 우리는 "우리가 아직 원수 되었을 때에"(롬 5:8, 10) 그의 생명을 우리를 위해 주신 그보다 더 우리를 사랑하시는 분을 우리가 찾을 수 있을까요? 그리고 만약 우리가 권세와 명예를 가진 누군가를 찾아야 한다면, 그의 아버지 우편에 앉으시고[5] 하늘과 땅의 모든 권세를 가지신(마 28:18) 그와 같이 능력 있고 명예로운 분이 누구입니까? 그리고 하나님께서 친히 사랑하는 아들보다 누가 더 빨리 그 말씀을 듣겠습니까?[6]

그러므로 그것은 성인들을 명예롭게 하는 대신에 그들을 불명예롭게 하는 습관에 이르게 하는 신뢰의 결핍입니다. 왜냐하면 사람들은 그들이 한 번도 행하지 아니한 것 혹은 요구하지도 않은 것을 행한 것이나, 그들의 저서들에 나타나듯이, 그들의 의무에 따라 끊임없이 거부한 것이기 때문입니다.[7]

여기서 우리는 우리의 무가치함을 논할 필요가 없는데, 왜냐하면 우리는 하나님 앞에서의 우리의 가치에 근거하여 우리의 기도를 드리는 것이 아니라, 오직 우리 주 예수 그리스도의 탁월하심과 가치에 근거하기 때문입니다.[8] 믿음으로 그의 의가 우리의 것이 됩니다.[9] 그러므로 성경은 우리에게 말하기를, 만약 이 어리석은 두려움 혹은 우리로부터 신뢰의 결핍을 제거한다면, 예수 그리스도가 범사에 형제들과 같이 되셨고, 이는 하나님의 일에 자비하고 신실한 대제사장이 되어 백성의 죄를 속량하려 하심이라. 왜냐하면 그가 시험을 받아 고난을 당하셨은즉 시험 받는 자들을 능히 도울 수 있기 때문입니다(히 2:17-18). 그리고 우리에게 권면하사 그에게 더 가까이 나아가게 하기 위해서, 성경은 더욱더 말하기를: "우리에게 큰 대제사장이 계시니 승천하신 이 곧 하나님의 아들 예수시라 우리가 믿는 도리를 굳게 잡을지어다. 우리에게 있는 대제사장은 우리의 연약함을 동정하지 못하실 이가 아니요 모든 일에 우리와 똑같이 시험을 받으신 이로되 죄는 없으시니라. 그러므로 우리는 긍휼하심을 받고 때를 따라 돕는 은혜를 얻기 위하여 은혜의 보좌 앞에 담대히 나아갈 것이니라"[10](히 4:14-16)라고 합니다. 동일한 서신에서도 "예수는 영원히 계시므로 그 제사장 직분도 갈리지 아니하느니라 그러므로 자기를 힘입어 하나님께 나아가는 자들을 온전히 구원하실 수 있으니 이는 그가 항상 살아 계셔서 그들을 위하여 간구하심이라"[11](히 7:24-25)라고 합니다.

우리에게 무엇이 더 필요할까요? 그리스도께서 스스로 "내가 곧 길이요 진리요 생명이니 나로 말미암지 않고는 아버지께로 올 자가 없느니라"(요 14:6)라고 말씀하셨습니다. 하나님께서 우리를 위해 간구하게 하고자 그의 아들 주시기를 기뻐하셨는데, 왜 우리는 다른 중보자를 찾고자 할까요? 우리는 다른 것을 취하거나, 혹은 찾을 수도 없는 다른 것을 찾고자 그를 저버려서는 안 됩니다. 왜냐하면 하나님께서는 그를 우리에게 주실 때, 그는 우리가 죄인 되었음을 너무나도 잘 알고 계셨기 때문입니다. 그러므로 우리는 주기도에서 배운 바와 같이,[12] 우리는 그리스도의 명령에 따라 우리의 유일한 중보자인[13] 그리스도를 통해 하늘 아버지를 불러야 합니다. 그리고 우리는 아버지께서 우리가 그리스도의 이름으로 그에게 기도하는 모든 것을 주실 것을 확신합니다(요 16:23).[14]

[1] 딤전 2:5 [2] 요일 2:1 [3] 엡 3:12 [4] 마 11:28; 요 15:13; 엡 3:19; 요일 4:10 [5] 히 1:3; 8:1 [6] 마 3:17; 요 11:42; 엡 1:6 [7] 행 10:26; 14:15 [8] 렘 17:5, 7; 행 4:12 [9] 고전 1:30 [10] 요 10:9; 엡 2:18; 히 9:24 [11] 롬 8:34 [12] 마 6:9–13; 눅 11:2–4 [13] 히 13:15 [14] 요 14:13

### 제27조 보편적 교회

우리는 하나의 보편적 혹은 공 교회를 믿고 고백합니다.[1] 이는 예수 그리스도의 피로 말미암아 씻음 받았고, 성령을 통해 거룩하게 되고 인치심을 받아,[2] 그로부터 모든 그들의 구원을 기대하는,[3] 참된 신자들의 거룩한 모임입니다.[4]

이 교회는 세상의 시작으로부터 존재하였고 끝날까지 그러할 것입니다. 왜냐하면 그리스도께서는 그의 백성이 없이는 존재할 수 없는 영원한 왕이시기 때문입니다.[5] 비록 이 거룩한 교회는 때때로 매우 미미하거나 한동안 사라진 것처럼 보일지라도,[6] 이 교회는 하나님으로 말미암아 온 세상의 분노에 대하여 보존될 것입니다.[7] 그래서 주께서는 아합의 위험한 시대 동안에도 바알에게 무릎 꿇지 않고 절하지 아니한 칠천 명을 자기 자신을 위해 남기셨던 것입니다.[8]

또한 이 거룩한 교회는 특정 장소에 위치하거나, 매이거나, 국한되지 아니하고, 혹은 특정 사람들에게 매이지도 않지만, 이 교회는 전 세계에 퍼져있고 흩어져 있습니다.[9] 그러나 이 교회는 믿음의 능력을 통해 동일한 성령 안에서 마음과 뜻이 합하여지고 연합됩니다.[10]

---

[1] 창 22:18; 사 49:6; 엡 2:17-19 [2] 엡 1:13; 4:30 [3] 욜 2:32; 행 2:21 [4] 시 111:1; 요 10:14, 16; 엡 4:3-6; 히 12:22-23 [5] 삼하 7:16; 시 89:37; 110:4; 마 28:18, 20; 눅 1:32 [6] 사 1:9; 벧전 3:20; 계 11:7 [7] 시 46:6; 마 16:18 [8] 왕상 19:18; 롬 11:4 [9] 마 23:8; 요 4:21-23; 롬 10:12-13 [10] 시 119:63; 행 4:32; 엡 4:4

### 제28조 교회 가입의 의무

우리는, 어떠한 위치에 있던 간에, 자기 스스로 서고자, 이 거룩한 만남을 삼가는 자가 없음을, 즉 구원 받은 자들이 이 모임 안에서 만나며, 이 모임 밖에서는 구원이 없음을 믿습니다.[1] 그러므로 모든 사람들은 스스로 교회에 가입해야 하고 교회와 연합해야 합니다.[2] 그래서 교회의 일치를 유지해야 합니다. 그들은 교회의 가르침과 규율에 복종하고,[3] 예수 그리스도의 멍에 아래 목을 숙이며,[4] 하나님께서 동일한 몸의 지체들[5] 모두에게 부여하여 주신 은사들에 따라 형제들을 세우는 일에 봉사해야 합니다.[6]

이 모든 것이 보다 잘 유지하기 위해, 하나님의 말씀에 따른 모든 신자들의 의무는 교회에 속하지 않는 자들로부터 스스로 분리하고,[7] 설령 정부와 군주의 법이 그것을 반대하고, 심지어 죽음 혹은 육체적 형벌이 내려질지라도,[8] 하나님께서 세우신 곳이면 어디든지 이 모임에 가입해야 합니다.[9]

그러므로 교회로부터 스스로를 분리시키거나 스스로를 교회에 가입하지 않는 모든 자들은 하나님의 규례에 반하여 행하는 것입니다.

[1] 마 16:18-19; 행 2:47; 갈 4:26; 엡 5:25-27; 히 2:11-12; 12:23 [2] 대하 30:8; 요 17:21; 골 3:15 [3] 히 13:17 [4] 마 11:28-30 [5] 고전 12:7, 27; 엡 4:16 [6] 엡 4:12 [7] 민 16:23-26; 사 52:11-12; 행 2:40; 롬 16:17; 계 18:4 [8] 행 4:19-20 [9] 시 122:1; 사 2:3; 히 10:25

### 제29조 참된 교회, 그 지체들, 그리고 거짓 교회의 표지

오늘날 세상에 있는 모든 분파들은 정당하지 못하게 스스로를 교회라 부르기 때문에, 우리는 하나님의 말씀으로 말미암아 어느 것이 참된 교회인지 분별하는데 세심한 주의를 기울여야 한다고 믿습니다.[1] 여기서 우리는 교회 안에 스스로 신실한 성도들 가운데 있으면서도 실제로 교회에 속하지 않으며, 심지어 가시적으로는 교회 안에 있는 위선자들 말하는 것이 아닙니다.[2] 그러나 우리는 참된 교회의 몸과 공동체를 스스로 교회라 부르는 모든 분파들로부터 구별되어야 한다는 의미입니다.

우리가 참된 교회를 알 수 있는 표지들은 다음과 같습니다. 교회는 순수한 복음 설교를 유지하고,[3] 그리스도께서 제정하신 대로 성례의 순수한 집행을 유지하고,[4] 죄를 벌하기 위해 교회의 권징을 시행합니다.[5] 요약하면, 우리는 순수한 하나님의 말씀으로 향하며,[6] 그것과 충돌하는 모든 것들을 제거하고[7] 예수 그리스도를 유일한 머리로 생각합니다.[8]

여기서 우리는 참된 교회의 확실성을 알 수 있고 어느 누구도 참된 교회로부터 스스로 분리할 권리를 가지지 못합니다. 그 교회에 속한 자들은 그리스도인의 표지들에 의해 알 수 있습니다. 즉 믿음입니다.[9] 여기에 더하여, 그들은 유일한 구원자이신 그리스도를 영접한 후, 죄를 떠나고 의를 추구하며,[10] 참 하나님과 그들의 이웃을 사랑하며,[11] 좌로나 우로나 치우치지 아니하고, 그들의 옛 사람을 그들의 행위와 함께 십자가에 못 박습니다.[12] 그렇다고 그들에게 더 이상 큰 연약함이 없다고 말하는 것이 아니라, 성령을 통해 그들의 생애 동안 매일 그것에 대항하여 싸운다고 말할 수 있습니다.[13] 그들은 끊임없이 그를 믿는 믿음을 통해 그들의 죄 용서함을 얻게 되는 주 예수의 피, 죽음, 고난, 그리고 순종을 그들의 안식처로 여깁니다.[14]

거짓 교회는 하나님의 말씀보다는 그들 자신과 그들의 규례에 더 많은 권위를 주고 그리스도의 멍에에 스스로 복종하지 않으려 합니다.[15] 그들은 성례를 그리스도께서 그의 말씀으로 명령하신 대로 시행치 않고, 그들이 좋게 여기는 대로 더하거나 빼거나 합니다. 그들은 스스로를 그리스도보다는 사람들에게 더 의존합니다. 그들은 하나님의 말씀에 따라 거룩하게 사는 사람들과 그들의 죄, 탐욕, 그리고 우상숭배를

꾸짖는 사람들을 핍박합니다.[16]

이 두 교회는 쉽게 알 수 있고 서로를 구별할 수 있습니다.

[1] 계 2:9 [2] 롬 9:6 [3] 갈 1:8; 딤전 3:15 [4] 행 19:3-5; 고전 11:20-29 [5] 마 18:15-17; 고전 5:4-5, 13; 살후 3:6, 14; 딛 3:10 [6] 요 8:47; 17:20; 행 17:11; 엡 2:20; 골 1:23; 딤전 6:3 [7] 살전 5:21; 딤전 6:20; 계 2:6 [8] 요일 4:19-21 [12] 갈 5:24 [13] 롬 7:15; 갈 5:17 [14] 롬 7:24-25; 요일 1:7-9 [15] 행 4:17-18; 딤후 4:3-4; 요이 9 [16] 요 16:2

### 제30조 교회의 정치

우리는 이 참 교회가 우리 주님께서 그의 말씀 안에서 가르쳐 주신 방법 위에서 영적으로 다스려져야만 한다는 것을 믿습니다.[1] 거기에 하나님의 말씀을 설교하고 성례를 시행할[2] 사역자들 혹은 목사들이 있어야 하고, 또한 목사들과 함께 교회의 협의회를 구성할[3] 장로들과[4] 집사들이[5] 있어야 합니다. 이와 같은 방식으로 그들은 참된 종교가 참된 가르침이 전파되는지, 악한 자들을 영적인 방식으로 시벌하고 점검하며, 또한 가난한 자와 곤경에 처한 자들을 그들의 필요에 따라 돕고 위로하도록 보존하고 살펴야 합니다.[6]

사도 바울이 디모데에게 보낸 서신에서의 규칙에 따라,[7] 신실한 자로 선출된 사람들은[8] 이와 같은 방식으로 교회 안에 모든 일은 선한 질서대로 이루어야 할 것입니다.

[1] 행 20:28; 엡 4:11-12; 딤전 3:15; 히 13:20-21 [2] 눅 1:2; 10:16; 요 20:23; 롬 10:14; 고전 4:1; 고후 5:19-20; 딤후 4:2 [3] 빌 1:1; 딤전 4:14 [4] 행 14:23; 딛 1:5 [5] 딤전 3:8-10 [6] 행 6:1-4; 딛 1:7-9 [7] 딤전 3 [8] 고전 4:2

### 제31조 교회의 직분들

우리는 하나님의 말씀의 사역자들, 장로들과 집사들이 그들의 직분으로 택함을 입어 하나님의 말씀이 가르치는 바와 같이 하나님의 이름을 부름과 선한 질서 안에서 교회를 통해 합법적인 선출 과정 속에서

선출되어야 함을 믿습니다.[1]

그러므로 각자는 스스로 부정한 방법들로 개입하지 않고자 주의해야 하고, 오히려 각자는 그 부르심이 주님으로부터 온 것이라는 확실한 증거를 가지기 위해, 그가 하나님으로부터 부름 받을 그 때를 확실히 기다려야 합니다.[2]

말씀의 사역자들로서 그들이 어디에 서 있던지 동등한 권력과 동등한 권위를 가집니다. 왜냐하면 그들은 모두 유일한 보편적 감독자요 유일한 교회의 머리이신[3] 예수 그리스도의 사역자이기 때문입니다.[4]

게다가, 하나님의 거룩한 규례는 위반하거나 거부하지 않도록 해야합니다. 그러므로 우리 각자는 말씀의 사역자들과 교회의 장로들을 그들이 행하는 그 사역으로 인해 특별히 존경해야 합니다.[5] 각자는 불평, 다툼 혹은 불화 없이 가능한 평화롭게 그들과 지내야 합니다.

[1] 행 1:23-24; 6:2-3 [2] 행 13:2; 고전 12:28; 딤전 4:14; 5:22; 히 5:4 [3] 마 23:8, 10; 엡 1:22; 5:23 [4] 고후 5:20; 벧전 5:1-4 [5] 살전 5:12-13; 딤전 5:17; 히 13:17

### 제32조 교회 안의 질서와 권징

우리는 비록 교회의 치리자들이 함께 교회의 몸을 온전히 유지하고자 확고한 질서를 세우고 유지하는 것이 유익하고 좋다 하더라도, 우리의 유일한 주 되시는 그리스도께서 우리에게 명령하신 것으로부터 벗어나지 않도록 주의해야 한다고 믿습니다.[1]

그러므로 우리는 하나님을 섬기도록 하는 모든 인위적인 고안물과 우리로 하나님을 섬기도록 하고 그로 인해 어떠한 방식으로든 양심을 억압하고 강요케 하는 모든 법들 역시 거부합니다.[2] 그래서 우리는 오직 조화와 일치를 증진하고 보존하기 위해 섬길 수 있는 것들과, 하나님께 순종하도록 하는 모든 것만 받아들입니다.[3]

이를 위해 교회 회중으로부터 출교는 하나님의 말씀과 일치하거나, 그것에 따라 시행되어야 합니다.[4]

**1** 딤전 3:15 **2** 사 29:13; 마 15:9; 갈 5:1 **3** 고전 14:33 **4** 마 16:19; 18:15–18; 롬 16:17; 고전 5; 딤전 1:20

## 제33조 성례

우리는 좋으신 우리 하나님께서 우리를 위해서 성례를 제정하셨음을 믿습니다. 왜냐하면 그가 우리의 어리석음과 우리 믿음의 연약함을 아시기 때문입니다. 그래서 하나님께서는 우리에게 그의 약속으로 우리에게 인치시고 우리를 향한 그의 선하심과 은혜를 보증하여 주십니다. 또한 그는 그렇게 우리의 믿음을 먹이고 유지케 하십니다.**1** 하나님께서는 그가 우리로 그의 말씀을 이해시키는 것뿐 아니라 우리 마음 안에서 행하시는 것을 우리로 우리의 감각을 통해 보다 분명하게 하시고자 복음의 말씀에 의해 성례를 더하셨습니다.**2**

그리하여 하나님께서는 그가 우리에게 베푸시는 구원을 우리 안에 확증해 주십니다. 왜냐하면 성례는 내적이며 비가시적인 것에 대한 그의 가시적인 표와 인이기 때문입니다. 이 방편을 통해 하나님께서는 성령의 능력으로 우리 안에 역사하십니다.**3** 그러므로 이 표들은 우리를 속이기 위한 무능하거나 공허한 것이 아닙니다. 왜냐하면 예수 그리스도께서 이것들의 진리가 되시며, 그가 없이는 그것들이 아무것도 아니기 때문입니다.

더 나아가 우리는 우리 주 그리스도께서 우리를 위해 제정하신 성례의 수효에 만족합니다. 즉 두 가지입니다. : 거룩한 세례의 성례와**4** 예수 그리스도의 거룩한 식사에 관한 성례입니다.**5**

**1** 창 17:9–14; 출 12; 롬 4:11 **2** 마 28:19; 엡 5:26 **3** 롬 2:28–29; 골 2:11–12 **4** 마 28:19 **5** 마 26:26–28; 고전 11:23–26

## 제34조 세례

우리는 율법의 완성(롬 10:4)이신 예수 그리스도께서 그의 피를 흘리심으로 말미암아 사람들이 우리의 죄를 위한 속죄와 만족에 이르도록 행하실 수 있었던 혹은 행하기 원했던 다른 모든 피 흘림의 마침이 되셨음을 믿고 고백합니다. 그는 피를 흘리는 할례를 폐기하시고 그 대신 세례의 성례를 제정하셨습니다.[1]

이를 통해 우리는 하나님의 교회에 속하게 되고 모든 다른 민족들과 이방 종교들로부터 구별하였으며, 전적으로 그의 소유가 되게 하기 위해,[2] 우리는 그에 대한 표지와 증표를 가지게 되었습니다. 이것은 우리를 그가 영원한 우리의 하나님이시요 우리의 은혜로우신 아버지가 되실 것에 대한 증거를 제시합니다. 이 세례는 그가 영원토록 우리의 자비로우신 하나님이시요, 아버지이시라는 사실을 우리에게 증거하는 것입니다.

그러므로 그리스도께서 그에게 속한 모든 사람들이 보통의 물로 아버지와 아들과 성령의 이름으로(마 28:19) 세례 받을 것을 명령하셨습니다. 이에 대해 그가 우리에게 가르치시는 바는 마치 물이 몸에 부어지고 모든 사람들 앞에서 뿌려질 때에, 몸의 더러운 것이 씻겨지는 것처럼, 그리스도의 피가 성령을 통해 그 영혼 안에서 내적으로 동일하게 행하십니다.[3] 그것이 영혼에 뿌려지고 죄로부터 그 영혼을 깨끗케 하고,[4] 우리를 진노의 자녀에서 하나님의 자녀로 새롭게 태어나게 합니다.[5] 그러나 우리는 그와 같은 물에 의해 우리의 죄로부터 깨끗케 되는 것이 아니라,[6] 하나님의 아들의 보혈의 뿌림에 의해서 입니다.[7] 그는 우리가 마귀인 바로의 폭정을 피해 지나가야 하고 영적 가나안 안으로 들어가기 위한 우리의 홍해입니다.[8]

그들 편에서 사역자들이 우리에게 오직 가시적인 성례를 줄 뿐 아니라, 우리 주님께서는 성례를 통해 가리키는 바, 즉 보이지 않는 은혜의 선물들을 주십니다. 그는 우리 영혼을 씻으시고 모든 부정과 불의를 철저하게 깨끗케 하십니다.[9] 우리 주님께서는 우리의 마음을 새롭게 하시고, 우리에게 완전한 위로를 부여하시고 우리에게 그의 아버지의 선하심에 대해 굳건한 확신을 주십니다. 우리 주님께서는 우리에게 새 사람을 입히시고 그의 모든 사역들과 더불어 옛 사람을 벗기십니다.[10] 그러므로 우리는 영생에 이르기를 원하는 자는 반드시 세례를 받아야 함을 믿습니다.[11] 세례는 반복할 필요가 없는데, 왜냐하면 우리 역시 두 번 태어날 수 없기 때문입니다. 이 세례는 항상 우리가 그를 받아들이고 물이 우리에게 부어질 때만 우리에게 가치가 있는 것이 아니라 우리의 전 생애를 거쳐 가치가 있습니다.

그러므로 우리는 재세례파의 오류를 배격합니다. 그들은 한번 받은 세례에 만족하지 못할뿐 아니라 신자들의 유아들 세례를 정죄합니다. 그에 반해 우리는 이스라엘의 어린 자녀들에게 할례를 행하였던 것처럼, 동일한 약속들에 근거하여 우리 아이들도 세례를 받아야 하고 언약의 표로 인 쳐져야 함을 믿습니다.[12] 그리스도께서는 어른들을 위해서 그가 행한 것같이 신자들의 유아들을 씻으시기 위해 그의 피를 확실히 흘리셨습니다.[13] 그러므로 마치 주님께서 유아들이 태어난 직후 율법에서 그들에게 어린 양의 제사를 통해 그리스도의 고난과 죽음의 성례에 참여토록 명한 것처럼, 그리스도께서 그들을 위해 행하신 것에 대한 표와 성례를 그들은 받아야 합니다.[14] 그것이 바로 예수 그리스도의 성례였습니다.

게다가 할례가 유다 민족들에게 행해졌던 것과 동일하게 세례는 우리 자녀들에게 행해져야 합니다. 그러므로 사도 바울은 세례를 "그리스도의 할례"(골 2:11)로 부릅니다.

---

[1] 골 2:11 [2] 출 12:48; 벧전 2:9 [3] 마 3:11; 고전 12:13 [4] 행 22:16; 히 9:14; 요일 1:7; 계 1:5b [5] 딛 3:5 [6] 벧전 3:21 [7] 롬 6:3; 벧전 1:2; 2:24 [8] 고전 10:1–4 [9] 고전 6:11; 엡 5:26 [10] 롬 6:4; 갈 3:27 [11] 마 28:19; 엡 4:5 [12] 창 17:10–12; 마 19:14; 행 2:39 [13] 고전 7:14 [14] 레 12:6

---

### 제35조 성찬

우리는 우리의 구원자 예수 그리스도께서 이미 중생하여 그의 가족, 즉 그의 교회에 연합게 된 자들을 먹이시고 보호하시기 위해 거룩한 만찬의 성례를 제정하셨음을 믿고 고백합니다.[1]

지금 중생한 그들은 그들 스스로 이중적 생명을 소유합니다.[2] 하나는 육체적이고 일시적입니다. 그들은 그들의 첫 출생부터 가지고 왔고 모든 사람들이 소유하는 생명을 가집니다. 다른 하나는 영적이고 하늘적입니다. 그것은 그리스도의 몸과의 교제 안에서 복음의 말씀을 통해 [3] 일어나는 두 번째 출생 때 그들에게 주어집니다. 이 생명은 오직 하나님의 선택에 놓여 있습니다. 그래서 하나님께서는 육체적이고 땅의 삶의 보존하기 위해서, 모든 사람들이 생명 그 자체로 받아들이는 지상의 빵을 정하셨습니다. 그러나 신자들에게 예배 된 영적이고 하늘의 생명을 보존하기 위해서, 그는 그들에게 "하늘에서 내려온 살아 있는 떡"을 보내셨는데(요 6:51), 즉 예수 그리스도이십니다.[4] 그가 먹여질 때, 다시 말해 영적으로 적합하게 그리고 믿음으로 받아들일 때,[5] 그는 신자들의 영적 삶을 먹이고 보존하십니다.[6]

그리스도께서는 우리에게 이 영적이고 하늘적인 빵을 보여주시기 위해 땅의 가시적인 빵을 그의 몸의 성례로써 포도주를 그의 피의 성례로써 제정하셨습니다.[7] 여기에 그는 우리에게 다음을 확신케 합니다. 우리는 이 성례를 받고 우리의 손으로 받들고 우리 입으로 먹고 마시듯이 우리 생명이 유지되는 것이 확실하고, 우리가 우리 영혼의 손과 입인 믿음을 통해[8] 우리 영혼이 우리의 유일한 구원자이신 그리스도의 참된 몸과 참된 피를 우리의 영적 생명을 유지하기 위해 받는 것이 확실합니다.

이제 예수 그리스도께서 아무 것도 아닌 것을 위해 그의 성례를 제정하지 않으셨음은 절대적으로 확실합니다. 그러므로 그는 비록 그 방식이 우리 이해를 넘어서서 이루어진다 하더라도, 성령의 사역이 감추어지고 이해할 수 없는 바와 같이, 이 모든 거룩한 표들을 통해 우리 앞에서 세우신 모든 것들을 우리 안에서 일하십니다.[9]

그러나 우리가 우리를 통해 먹어지고 마셔지는 것이 그리스도의 자신의 실제 몸과 자신의 피라고 말할 때, 우리가 실수하는 것이 아닙니다. 우리가 취하는 방식은 입이 아니라, 영적으로, 믿음을 통해서입니다. 그래서 예수 그리스도는 항상 하늘에서 그의 아버지 하나님의 우편에 앉아 계시고,[10] 동시에 그는 믿음을 통해 그 자신을 우리와 교통하십니다. 이 영적 잔치로 인해 그리스도께서 우리를 그의 모든 유익들과 은사들과 함께 그 자신에게 참여케 하고 그가 우리를 그 자신뿐 아니라 그의 고난과 죽음의 공로를 누리게 하십니다.[11] 그는 우리에게 그의 몸을 주셔서 먹게 하심으로 우리의 가난하고 패배한 영혼을 먹이시고 강하게 하시고 위로하시며, 그리고 우리에게 그의 피를 주셔서 마시게 하심으로 우리 영혼을 새롭게 하시고 갱신케 하십니다.

더 나아가, 비록 그 성례가 그 표하는 바와 연결되어 있다 하더라도, 둘 다 모든 사람들에 의해 받아들여지지 않습니다.[12] 악인이 성례를 받는 것, 그 자신의 정죄에 이르게 하고, 그러나 성례의 참됨에는 이르지는 못합니다. 마치 유다와 마술사 시몬 둘다 성례를 받았지만, 그러나 그것에 의해 드러나는 그리스도를 받지 못했습니다.[13] 그는 오직 믿는 자들에게만 주어집니다.[14]

마지막으로, 우리는 겸손과 경외로 하나님의 백성의 모임에서[15] 이 거룩한 성례를 받습니다. 거기에서 우리는 우리의 구원자되신 그리스도의 죽음을 감사함으로 함께 기념하고 우리는 기독교 예배와 우리 신앙의 고백을 행합니다.[16] 그러므로 어느 누구도 이 빵을 먹고 이 잔을 마실 때에 자기 스스로의 심판을 먹고 마시지 않게 하기 위해서, 그 자신을 먼저 적절히 살피지 아니하고서는(고전 11:28-29) 이 식탁을 받아서는 안 됩니다. 요약하면, 우리는 이 거룩한 성례 사용을 통해 하나님과 우리 이웃을 향한 뜨거운 사랑으로 움직이게 됩니다.

그러므로 우리는 사람들이 넣고 혼합시킨 모든 첨가물들과 가증한 고안물은 이 성례들에 대한 신성 모독으로 거부합니다. 그리고 우리는 그리스도와 그의 사도들이 우리에게 가르치신 것을 만족스럽게 말해야 하고 그들이 그것에 대해 말씀하신 바와 같이 그것에 대해 말해야 할 것을 선언합니다.

---

[1] 마 26:26-28; 막 14:22-24; 눅 22:19-20; 고전 11:23-26 [2] 요 3:5-6 [3] 요 5:25 [4] 요 6:48-51 [5] 요 6:40, 47 [6] 요 6:63; 10:10b [7] 요 6:55; 고전 10:16 [8] 엡 3:17 [9] 요 3:8 [10] 막 16:19; 행 3:21 [11] 롬 8:32; 고전 10:3-4 [12] 고전 2:14 [13] 눅 22:21-22; 행 8:13, 21 [14] 요 3:36 [15] 행 2:42; 20:7 [16] 행 2:46; 고전 11:26

### 제36조 정부의 역할

우리는 우리의 선하신 하나님께서 인류의 타락을 위해 왕들, 군주와 공직자들을 세우셨음을 믿습니다.[1] 즉 그는 인간의 방종이 제어되고 모든 것이 선한 질서대로 그들 가운데 행해지게 하도록,[2] 세상이 법과 정책을 통해 다스려지길 원합니다.[3] 여기서 그는 악한 자들을 처벌하고 선한 자들을 보호기 위해 정부의 손에 검을 주셨습니다(롬 13:4). 그들의 임무는 공공질서를 관리하고 보장할 뿐 아니라, 교회의 거룩한 예배를 보호하며*, 그리고 하나님께서 그의 말씀으로 명령하셨듯이, 그가 모든 사람들에 의해 영광 받으시고 섬김 받으시기 위해서 예수 그리스도의 나라가 임하고 복음의 말씀이 모든 곳에 설교되는 일을 증진시킵니다.[4]

게다가 어떤 지위에 있는 자라도 스스로 정부에 복종하고, 세금을 내며, 자신의 존경과 경의를 표하며, 하나님의 말씀에[5] 위배되지 않는 모든 것에 순종하는 존재가 되며,[6] 주께서 모든 길에서 정부를 지도하시도록 그를 위해 기도하며, 그래서 우리가 모든 경건과 단정함으로 고요하고 평안한 생활을 하게 해야 합니다(딤전 2:1-2).

이러한 점에서 우리는 재세례파들과 다른 반역적인 사람들과 일반적으로 정부와 권력을 배격하고, 이익 공동체를 도입하여 법 질서를 외면하고[7] 하나님께서 사람들 사이에서 세우신 선한 도덕을 어지럽히고자 하는 자들을 배격합니다.

---

\* 1905년 위트레흐트 총회(De Generale Synode van Utrecht, 1905)에서 이 부분에서 다음의 문구를 제거하였습니다: '모든 우상숭배와 거짓 종교를 제거하고 금지하며, 적그리스도의 나라를 파괴하기 위해서.'

---

[1] 잠 8:15; 단 2:21; 요 19:11; 롬 13:1 [2] 신 1:16; 16:19; 삿 21:25; 시 82; 렘 21:12; 22:3; 벧전 2:13-14 [3] 출 18:20 [4] 시 2; 롬 13:4a; 딤전 2:1-4 [5] 행 4:19; 5:29 [6] 마 17:27; 22:21; 롬 13:7; 딛 3:1; 벧전 2:17 [7] 벧후 2:10; 유 8

**제37조 최후 심판**

마지막으로 우리는 하나님의 말씀에 따라 주께서 정한 때가(모든 피조물들이 알지 못하는) 되면,[1] 그리고 모든 택함 받은 자들의 수가 차게 되면,[2] 그리스도께서 크신 영광과 위엄으로[3] 하늘로 승천하셨던 것처럼(행 1:11) 하늘로부터 오실 것이고, 육체로 그리고 가시적으로,[4] 동일한 방식으로 오실 것을 믿습니다. 그리스도께서는 살아 있는 자와 죽은 자의 심판자로써 스스로를 드러내시며,[5] 동시에 그가 이 옛 세상을 정결케 하고자 불과 화염으로 불태우실 것입니다.[6]

그때에 이전에 살았던 모든 사람들은 이 위대한 심판자 앞에 개인적으로 나타날 것입니다[7]: 남자들, 여자들 그리고 아이들, 천사장의 소리와 하나님의 나팔 소리(살전 4:16)로 부름받게 됩니다. 왜냐하면 모든 죽은 자들은 땅으로부터 다시 일어나게 될 것이며[8] 그리고 영혼들은 이전에 살았던 각자의 몸과 연합하게 될 것입니다. 그때에 여전히 살아 있는 자들은 다른 이들처럼 죽지 아니하고, 순식간에 변화될 것이고 썩어질 것이 썩지 않을 것으로 변화될 것입니다.[9] 그때에 책들이 펴 있고 죽은 자들이 이 세상에서 자기 행위를 따라 선악 간에(고후 5:10) 심판받게 될 것입니다(계 20:12). 진실로, 세상은 한낱 오락과 농담과 같은 말을 한다 하더라도, 사람들은 무슨 무익한 말을 하든지 이에 대하여 심문을 받게 될 것입니다(마 12:36). 진실로 모든 이들은 그들이 말한 무익한 말들, 즉 오락의 말이나 농담조차 판단을 받게 될 것이며, 인간의 말한 것이나 위선조차 밝히 드러내어 보이게 될 것입니다.

그때에 사람들에 의해 비밀스럽게 행해지던 것들, 심지어 그들의 위선까지도, 모든 사람들에게 공개적으로 드러나게 될 것입니다. 그러므로 이 심판에 대한 생각이 악하고 불신자들에게는 무섭고 두려운 것이라면,[11] 의롭고 택함 받은 자들에게는 그것을 갈망하고 그것으로부터 위로를 가집니다. 그때에 그들의 구원이 마침내 완전히 성취되며 그들은 그들의 고된 노력의 열매들을 받게 될 것입니다.[12] 또한 그들의 무죄가 모든 사람들에게 알려질 것이고 하나님께서 친히 이 세상에서 그들을 핍박하고, 억압하며, 괴롭혔던 악한 자들을 복수하는 그 끔찍한 방식을 그들은 보게 될 것입니다.[13] 그들은 그들 자신의 양심의 증거를 통해 그들의 죄를 깨닫게 될 것입니다. 그들 역시 죽지 않을 것이며, 마귀와 그 사자들을 위하여 예비된,[14] 영원한 불 속에서,[15] 고통 당할 것입니다(마 25:41).

한편 신자들과 택함 받은 자들은 영광과 존귀로 관을 쓸 것입니다. 하나님의 아들이 그들의 이름을 그의 아버지 하나님과(마 10:32), 그의 택함 받은 천사들 앞에서,[16] 시인할 것이고, 그리고 하나님께서 그들의 눈의 모든 눈물을 닦아 주실 것입니다[17](계 21:4). 그러면 그들이 많은 재판관들과 정부들로부터 이단자들과 악한 자로 정죄 받게 되는 일이 하나님의 아들의 일로 밝혀질 것입니다. 그리고 은혜로운 보상으로써 주님께서 그들에게 사람의 마음속에서 결코 상상할 수 없는 그의 영광을 소유케 하실 것입니다.[18]

그러므로 우리는 우리 주 예수 그리스도 안에서 하나님의 약속들을 충만히 즐기기 위해 간절히 열망으로 이 위대한 날을 기대합니다.

---

[1] 마 24:36; 25:13; 살전 5:1-2 [2] 히 11:39-40; 계 6:11 [3] 마 24:30; 25:31 [4] 계 1:7 [5] 마 25:31-46; 딤후 4:1; 벧전 4:5 [6] 벧후 3:10-13 [7] 신 7:9-11; 계 20:12-13 [8] 단 12:2; 요 5:28-29 [9] 고전 15:51-52; 빌 3:20-21 [10] 히 9:27; 계 22:12 [11] 마 11:22; 23:33; 롬 2:5-6; 히 10:27; 벧후 2:9; 유 15; 계 14:7a [12] 눅 14:14; 살후 1:3-10; 요일 4:17 [13] 계 15:4; 18:20 [14] 계 20:10 [15] 마 13:41-42; 막 9:48; 눅 16:23-28; 계 21:8 [16] 계 3:5 [17] 사 25:8; 계 7:17 [18] 단 12:3; 마 5:12; 마 13:43; 고전 2:9; 계 21:9-22:5

이 책에 수록된 도르트 신경(*The Canons of Dort*)은
**그책의사람들**의 허락을 받아 실렸습니다.

## 첫째 교리: 하나님의 선택과 유기

### 제1항: 모든 사람이 하나님께 정죄 받아 마땅함

모든 사람은 아담 안에서 죄를 지었기 때문에 저주 아래에 있으며 영원한 죽음을 겪는 것이 마땅하다. 그러므로 하나님께서 온 인류를 죄와 저주 아래 두시고 그들의 죄로 말미암아 그들을 정죄하시는 것이 하나님의 뜻일지라도, 하나님께서는 어느 누구에게도 불의하게 행하시는 것이 아니다. 사도는 다음과 같이 증언한다. "온 세상으로 하나님의 심판 아래에 있게 하려 함이라"(롬 3:19), "모든 사람이 죄를 범하였으매 하나님의 영광에 이르지 못하더니"(롬 3:23), "죄의 삯은 사망이요"(롬 6:23).

### 제2항: 하나님께서 독생자를 세상에 보내심으로 자기의 사랑을 나타내심

그러나 하나님께서 자기의 사랑을 이렇게 나타내 보이셨다. 곧 하나님께서는 독생자를 세상에 보내셔서 독생자 예수 그리스도를 믿는 사람은 누구든지 멸망하지 않고 영생을 얻게 하셨다(요일 4:9; 요 3:16).

### 제3항: 복음 전파

그리고 하나님께서는 사람들이 그리스도를 믿게 하시려고 자비로우시

게도 하나님께서 원하시는 사람들에게 하나님께서 원하시는 때에 이 큰 기쁨의 좋은 소식을 전하는 자들을 보내신다. 하나님께서는 이 복음 전파를 통해서 사람들이 회개하고 십자가에 못 박히신 그리스도를 믿도록 부르신다. "그런즉 그들이 믿지 아니하는 이를 어찌 부르리요 듣지도 못한 이를 어찌 믿으리요 전파하는 자가 없이 어찌 들으리요 보내심을 받지 아니하였으면 어찌 전파하리요"(롬 10:14-15).

### 제4항: 복음 전파에 대한 두 가지 반응

이 복음을 믿지 않는 사람들에게는 하나님의 진노가 머물러 있다. 그러나 이 복음을 받아들이고 구주 예수님을 참되고 살아 있는 믿음으로 영접하는 사람들은 구주 예수님으로 말미암아 하나님의 진노와 멸망에서 구원받고 영생을 선물로 받는다.

### 제5항: 불신앙의 원인과 믿음의 원인

다른 모든 죄와 마찬가지로 이 불신앙의 원인과 불신앙에 따른 죄책은 결코 하나님께 있지 않고 사람에게 있다. 하지만, 예수 그리스도를 믿는 믿음과 그리스도로 말미암아 받는 구원은 하나님께서 값없이 주시는 선물이다. 성경은 다음과 같이 증언한다. "너희는 그 은혜에 의하여 믿음으로 말미암아 구원을 받았으니 이것은 너희에게서 난 것이 아니요 하나님의 선물이라"(엡 2:8), "그리스도를 위하여 너희에게 은혜를 주신 것은 다만 그를 믿…게 하려 하심이라"(빌 1:29).

### 제6항: 하나님의 영원한 작정

사람들이 이 세상에서 사는 동안 하나님께서 어떤 사람들에게는 믿음을 선물로 주시고, 다른 사람들에게는 믿음을 선물로 주시지 않는 것은 하나님의 영원한 작정에서 유래한다. 하나님께서는 하나님께서 하시는 모든 일을 영원부터 아시기 때문이다(행 15:18; 엡 1:11). 이 작정에 따라 하나님께서는 택하신 사람들의 마음이 아무리 완고하다 할지라도 하나님의 은혜로 그들의 마음을 부드럽게 하시고 그들이 믿게 하신다. 그러나 하나님께서는 하나님의 공의로운 심판을 따라 택하시지 않은 사람들을 그들 자신의 악함과 완고함 가운데 내버려 두신다. 여기에서 똑같이 멸망 받아 마땅한 모든 사람을 구별하시는 하나님의 한없이 깊으시고, 자비로우시고, 공의로우신 행위가 특별히 드러난다. 이것이 바로 하나님의 말씀 안에 계시된 선택과 유기의 작정이다. 악하고 더러우며 요동하는 사람들은 선택과 유기의 작정을 왜곡하여 그들 스스로 파멸에 이르게 되지만, 거룩하고 경건한 영혼들에게 선택과 유기의 작정은 말로 다 할 수 없는 큰 위로가 된다.

## 제7항: 선택

선택은 하나님의 변하지 않으시는 결정이다. 그 결정에 따라 하나님께서는 창세전에 오직 은혜로, 하나님의 자유롭고 선하신 뜻에 따라서, 자신들의 잘못으로 원래의 흠 없는 상태에서 죄와 파멸 가운데 빠진 온 인류 가운데서, 정하신 수의 사람들을 그리스도 안에서 구원하기로 택하셨다. 택함 받은 사람들이 택함 받지 않은 사람들보다 더 낫거나, 어떤 택함 받을 만한 자격이 그들에게 있어서 택함 받은 것이 아니다. 모든 사람이 똑같이 비참 가운데 놓여 있었다. 그러나 하나님께서는 그리스도 안에서 다음과 같은 일들을 행하셨는데, 영원 전에 그리스도를 모든 택함 받은 사람의 중보자로, 그들의 머리로, 그들을 구원하시는 기초로 정하셨다. 그다음에 하나님께서는 택하신 자들을 그리스도께 주시기로, 그리스도로 말미암아 그들이 구원받게 하시기로, 그들이 그리스도와 교제하도록 하나님의 말씀과 성령님으로 그들을 효과적으로 부르시고 이끄시기로 작정하셨다. 다시 말해서, 하나님께서는 택하신 자들이 그리스도를 참되게 믿으며, 그들이 의롭다 함을 받으며, 그들이 점점 거룩하게 되며, 하나님의 아들이신 그리스도와 그들이 나누는 교제를 권능으로 지키신 후, 마침내 택하신 자들이 영화롭게 되도록 작정하셨다. 하나님께서는 하나님의 자비를 나타내시기 위해, 하나님의 영광스러운 은혜의 풍성함으로 말미암아 찬송 받으시기 위해 이 모든 일을 행하신다. 성경은 다음과 같이 증언한다. "곧 창세전에 그리스도 안에서 우리를 택하사 우리로 사랑 안에서 그 앞에 거룩하고 흠이 없게 하시려고 그 기쁘신 뜻대로 우리를 예정하사 예수 그리스도로 말미암아 자기의 아들들이 되게 하셨으니 이는 그가 사랑하시는 자 안에서 우리에게 거저 주시는 바 그의 은혜의 영광을 찬송하게 하려는 것이라"(엡 1:4-6), "또 미리 정하신 그들을 또한 부르시고 부르신 그들을 또한 의롭다 하시고 의롭다 하신 그들을 또한 영화롭게 하셨느니라"(롬 8:30).

### 제8항: 단 하나의 선택의 작정

이 선택은 여럿이 있지 않다. 구약과 신약 아래에서 구원받기로 택함받은 모든 사람에게는 단 하나의, 같은 선택만이 있다. 성경은 하나님의 선하신 기쁨과 목적과 계획의 뜻이 하나라고 선포하기 때문이다. 이 선택의 작정에 따라 하나님께서는 우리가 은혜와 영광에 이르고, 구원받으며, 우리를 위해 예비하신 구원의 길을 걷도록 우리를 선택하셨다.

### 제9항: 앞을 내다보신 믿음에 근거하지 않은 선택

하나님께서는 사람들이 택함 받는 데 필요한 원인이나 조건으로서의, 앞을 내다보신 믿음이나 순종, 거룩함, 또는 다른 선한 자질이나 기질에 근거하여 선택하지 않으신다. 오히려 사람들이 믿고, 순종하고, 거룩해지도록 하나님께서 선택하신다. 따라서 선택은 구원에 따르는 모든 혜택의 근원이다. 믿음과 거룩함과 다른 구원의 선물들, 최종적으로는 영생 그 자체가 선택의 열매와 효과로 선택으로부터 흘러나온다. 사도는 다음과 같이 증언한다. "곧 창세전에 그리스도 안에서 우리를 택하사 우리로 사랑 안에서 그 앞에 거룩하고 흠이 없게 하시려고"(엡 1:4).

### 제10항: 하나님의 선하신 기쁨에 기초한 선택

받을 자격이 없는 이 과분한 선택의 원인은 오직 하나님의 선하신 기쁨뿐이다. 이 선하신 기쁨은 하나님께서 모든 가능한 조건 중에서 사람의 어떤 자질이나 행위를 구원의 조건으로 삼으시는 것이 아니라, 모두 똑같은 죄인의 무리 중에서 하나님께서 어떤 사람들을 하나님의 소유로 자녀 삼으신다는 것이다. 성경은 다음과 같이 증언한다. "그 자식들이 아직 나지도 아니하고, 무슨 선이나 악을 행하지 아니한 때에 … 리브가에게 이르시되 큰 자가 어린 자를 섬기리라 하셨나니 기록된 바 내가 야곱은 사랑하고 에서는 미워하였다 하심과 같으니라"(롬 9:11-13), "영생을 주시기로 작정된 자는 다 믿더라"(행 13:48).

### 제11항: 변하지 않는 선택

하나님께서는 지극히 지혜로우시고, 불변하시며, 모든 것을 다 아시고, 전능하시다. 그러므로 하나님의 선택은 중단되거나, 변하거나, 철회될 수 없고, 무효가 될 수도 없다. 택함 받은 사람들은 버림 받을 수도, 그 수가 줄 수도 없다.

### 제12항: 선택의 확신

택함 받은 사람들은 각자 다양한 단계를 거치고 확신의 정도에서도 차이를 보이기는 하지만, 하나님께서 정하신 때에, 자신들을 구원에 이르게 하는 영원하고 변하지 않는 선택을 자신들이 받았다는 것을 확신하게 된다. 선택에 대한 이러한 확신은 감추어져 있고, 하나님에 대한 깊은 지식과 하나님께서 하시는 비밀한 일을 호기심 어린 마음으로 캐물어서 얻게 되는 것이 아니다. 선택에 대한 이러한 확신은 택함 받은 사람들이 하나님의 말씀에서 알려주는 선택의 명백한 열매들, 곧 그리스도에 대한 참된 믿음, 자녀로서 하나님께 갖는 경외, 자신의 죄에 대한 거룩한 비탄, 의에 주리고 목말라함과 같은 것들을 영적 기쁨과 거룩한 즐거움으로 자신 안에서 발견함으로써 얻는다.

### 제13항: 이 확신의 가치

이러한 선택을 깨달아 알고 확신하는 것은 하나님의 자녀들로 하여금 매일 하나님 앞에서 겸손하게 하고, 하나님의 헤아릴 수 없이 깊은 자비하심을 찬양하게 하고, 자신들을 깨끗하게 하고, 그들에게 먼저 그토록 큰 사랑을 보여 주신 하나님께 뜨거운 사랑으로 감사하게 하는 더 큰 동기가 된다. 따라서 선택 교리를 가르치고 묵상하는 일이 하나님의 자녀들로 하여금 하나님의 계명에 순종하는 데 해이하게 하거나 육적인 자기 과신에 빠지게 한다고 말할 수 없다. 하나님의 계명에 순종하는 데 해이하게 하거나 육적인 자기 과신에 빠지게 하는 일은 흔히, 하나님의 공의로우신 심판에 따라, 분별없이 선택의 은혜를 받았다고 여기거나, 택함 받은 사람들이 걷는 길을 가려 하지 않고 선택의 은혜를 무익하고 뻔뻔하게 이야기하는 사람들에게 일어난다.

### 제14항: 선택을 계속해서 가르쳐야 함

하나님의 지극히 지혜로우신 계획에 따라, 구약과 신약 시대에 선지자들과 사도들이, 누구보다 그리스도께서 직접 하나님의 선택 교리에 관한 이러한 가르침을 선포하셨다. 이어서 하나님께서는 이 가르침들이 성경에 기록되게 하셨다. 따라서 오늘날에도 이러한 가르침을 선포하도록 특별히 세우신 하나님의 교회 안에서, 신중하게, 경건하고 거룩한 방법으로 적절한 때와 장소에서 이 하나님의 선택 교리를 가르쳐야 한다. 이때 지극히 높으신 하나님의 생각과 일을 호기심 어린 마음으로 캐물으려는 태도로 해서는 안 된다. 우리는 이 하나님의 선택 교리를 하나님의 지극히 거룩한 이름에 영광을 돌리고, 하나님의 백성에게는 살아 있는 위로를 주기 위해 가르쳐야 한다.

### 제15항: 성경이 말하는 유기

더욱이, 성경은 하나님의 백성에 대한 하나님의 선택이 영원하며, 받을 자격이 없는 자에게 베풀어지는 과분한 은혜임을 특별히 강조하고, 우리 눈에 두드러지게 보여 준다. 특히 성경은 모든 사람이 택함 받은 것이 아니라 어떤 사람들은 하나님의 택하심을 받지 못하고 하나님의 영원한 선택에서 지나쳐 버림을 받는다고 증언한다. 하나님께서는 하나님의 더없는 자유로우심과 더없는 공의로우심, 흠잡을 데 없으며 변하지 않는 선한 기뻐하심에 따라 다음과 같이 작정하셨다. 곧 하나님께서는 택하시지 않은 사람들이 자신들 스스로 잘못하여 빠지게 된 그 공통의 비참 가운데 그들을 내버려 두시기로, 그들에게 구원받는 믿음과 회심하게 하는 은혜를 베풀지 않으시기로, 마지막에는 하나님의 공의로우심을 나타내시기 위해, (그들이 선택해서 걸어온 길과 하나님의 공의로운 심판에 남겨진) 그들의 불신앙과 그들이 지은 다른 모든 죄로 말미암아 그들을 정죄하시고 그들이 영원히 형벌 받도록 작정하셨다. 이것을 유기의 작정이라고 한다. 유기의 작정은 하나님을 결코 죄의 조성자로 만들지 않는다(이는 불경한 신성모독이다!). 오히려 유기의 작정은 하나님을 두렵고 흠 없으며 공의로 재판하시는 심판자이시자 보응하시는 분으로 선포한다.

### 제16항: 유기 교리에 대한 반응들

그리스도께 대한 살아 있는 믿음, 확실한 마음의 신뢰, 양심의 평안, 어린 자녀가 부모에게 순종하는 것과 같이 순종하려는 열심, 그리스도로 말미암아 하나님께 영광 돌리는 일을 아직 자신 안에서 활발하게 경험하지 못하는 사람들이 있다. 그런데도 하나님께서 우리 안에 이런 일들을 이루겠다고 약속하시며 이를 위해 주신 수단들을 사용하는 사람들이 있다. 이런 사람들은 유기에 대해 들을 때 불안해하지 말아야 하며, 자신들을 유기된 자로 생각해서도 안 된다. 오히려 그들은 계속해서 하나님께서 주신 수단들을 부지런히 사용하고, 하나님께서 은혜를 더욱 풍성히 베풀어 주시기를 간절히 원하며, 하나님을 경외하면서 하나님께서 은혜 베풀어 주실 때를 겸손하게 기다려야 한다.

하물며 진심으로 하나님께로 돌이키고자 하며 진심으로 하나님만을 기쁘시게 하고 진심으로 사망의 몸에서 건짐 받기를 원하지만, 아직 자신들이 열망하는 만큼 경건함과 신앙에 이르지 못한 사람들에게는 이 유기 교리에 대해 두려워할 이유가 앞의 사람들보다 훨씬 더 적다. 우리 자비로우신 하나님께서는 꺼져 가는 등불을 끄지 아니하고, 상한 갈대를 꺾지 않는다고 약속하셨기 때문이다.

그러나 하나님과 구주 예수 그리스도를 일부러 생각하지 않으며, 세상의 염려와 육신의 정욕 가운데 자신들을 전적으로 내던지는 사람들에게, 그들이 하나님께로 진심으로 돌이키지 않는 한, 이 유기 교리는 마땅히 크게 두려운 것이다.

### 제17항: 신자의 자녀가 유아기에 죽을 때의 구원

우리는 하나님의 말씀에서 하나님의 뜻을 판단해야만 하는데, 하나님의 말씀은 신자의 자녀들이 본성상 거룩해서가 아니라 그들이 그 부모와 함께 맺게 된 은혜 언약 때문에 거룩하다고 증언한다. 그러므로 경건한 부모들은 유아기에 하나님께서 이 세상에서 불러 가신 자기 자녀들의 선택과 구원을 결코 의심하지 말아야 한다.

### 제18항: 선택과 유기에 대한 적절한 태도, 불평이 아닌 경배

받을 자격이 없는 사람들에게 베푸시는 이 과분한 선택의 은혜와 공의로운 유기의 엄격함에 대해 불평하는 사람들에게 우리는 다음과 같이 사도들의 증언으로 대답하고자 한다. "이 사람아 네가 누구이기에 감히 하나님께 반문하느냐"(롬 9:20)? 그리고 우리 구주의 말씀으로 대답하고자 한다. "내 것을 가지고 내 뜻대로 할 것이 아니냐"(마 20:15)? 우리는 선택과 유기와 관련된 모든 비밀스러운 일에 대해 하나님을 경외하고 경배하면서 사도와 함께 외친다. "깊도다, 하나님의 지혜와 지식의 풍성함이여! 그의 판단은 헤아리지 못할 것이며 그의 길은 찾지 못할 것이로다. 누가 주의 마음을 알았느냐? 누가 그의 모사가 되었느냐? 누가 주께 먼저 드려서 갚으심을 받겠느냐? 이는 만물이 주에게서 나오고 주로 말미암고 주에게로 돌아감이라 그에게 영광이 세세에 있을지어다! 아멘"(롬 11:33–36).

지금까지 선택과 유기에 관한 참된 교리를 밝히 드러냈으므로, 총회는 다음의 오류들을 거부한다.

## 오류 1

**항론파의 주장:** 믿고, 믿음 안에서 인내하며 순종할 사람들을 하나님께서 구원하신다는 것이 구원에 이르는 선택에 대한 작정의 모든 것이며 전부다. 이 외에는 작정에 대한 어떤 것도 하나님의 말씀에서 계시되지 않았다.

**성경에 따른 반론:** 이 주장은 순진한 사람들을 미혹하며 성경의 가르침을 명백히 부정한다. 성경은 하나님께서 믿을 사람들을 구원하신다고 선포할 뿐만 아니라, 하나님께서 영원 전에 어떤 사람들을 선택하셔서 이 세상에서 사는 동안 다른 사람들이 아닌 하나님께서 영원 전에 선택하신 바로 그 사람들이 그리스도를 믿고 그 믿음 안에서 인내하게 하신다고 선포한다. 기록된 말씀이 증언한다. "세상 중에서 내게 주신 사람들에게 내가 아버지의 이름을 나타내었나이다."(요 17:6). "영생을 주시기로 작정된 자는 다 믿더라"(행 13:48). "곧 창세전에 그리스도 안에서 우리를 택하사 우리로 사랑 안에서 그 앞에 거룩하고 흠이 없게 하시려고"(엡 1:4).

## 오류 2

**항론파의 주장:** 영생을 주시는 하나님의 선택에는 여러 종류가 있다. 일반적이며 불확정적인 선택이 있고, 특별하며 확정적인 선택이 있다. 특별하며 확정적인 선택에는 불완전하고 취소될 수 있으며 미결정적이고 조건적인 선택과 완전하고 취소될 수 없으며 결정적이고 절대적인 선택이 있다. 마찬가지로, 믿음에 이르는 선택이 있고, 구원에 이르는 선택이 있다. 따라서 구원받는 결정적인 선택까지는 아니더라도 의롭게 하는 믿음을 주시는 선택이 있을 수 있다.

**성경에 따른 반론:** 이 주장은 성경의 가르침과는 상관없이 사람이 자기 머리에서 지어낸 이야기이며, 선택에 관한 성경의 가르침을 왜곡하고 다음과 같은 구원의 황금 사슬을 끊어 버린다. "또 미리 정하신 그들을 또한 부르시고 부르신 그들을 또한 의롭다 하시고 의롭다 하신 그들을 또한 영화롭게 하셨느니라"(롬 8:30).

**오류 3**

**항론파의 주장:** 성경이 선택 교리에서 말하는 하나님의 선하신 기쁘심과 뜻은 하나님께서 어떤 사람들은 택하시고 어떤 사람들은 택하지 않으신다는 것이 아니다. 오히려 하나님께서는 (율법의 행위를 포함한) 모든 가능한 조건 중에서 불완전한 믿음의 순종은 물론 본질적으로 구원받는 데 아무런 가치 없는 신앙의 행위도 구원의 조건으로 선택하신다는 것이다. 그리고 하나님께서는 은혜롭게도 이런 것들을 완전한 순종으로, 영생의 상을 받을 만한 가치 있는 것으로 여겨주신다.

**성경에 따른 반론:** 이 치명적인 오류는 하나님의 선하신 기쁘심과 그리스도의 공로를 아무런 의미도 없는 것으로 만들어 버린다. 또 사람들이 무익한 연구를 하게 함으로써 받을 자격 없는 사람들에게 베푸시는 칭의의 진리와 성경 교훈의 단순성에서 멀어지게 한다. 이 주장은 사도의 다음 증언을 거짓이라고 비난한다. "하나님이 우리를 구원하사 거룩하신 소명으로 부르심은 우리의 행위대로 하심이 아니요 오직 자기의 뜻과 영원 전부터 그리스도 예수 안에서 우리에게 주신 은혜대로 하심이라"(딤후 1:9).

**오류 4**

**항론파의 주장:** 믿음에 이르는 선택을 받기 위한 전제 조건으로 사람은 본성의 빛을 올바르게 사용해야 하며, 경건하고, 주제넘지 않고, 겸손하며, 영생을 준비해야 한다. 선택은 이런 요소들에 어느 정도 의존하는 것처럼 보이기 때문이다.

**성경에 따른 반론:** 펠라기우스의 냄새를 풍기는 이 주장은 사도의 가르침과 반대된다. "전에는 우리도 다 그 가운데서 우리 육체의 욕심을 따라 지내며 육체와 마음의 원하는 것을 하여 다른 이들과 같이 본질상 진노의 자녀이었더니 긍휼이 풍성하신 하나님이 우리를 사랑하신 그 큰 사랑을 인하여 허물로 죽은 우리를 그리스도와 함께 살리셨고 (너희는 은혜로 구원을 받은 것이라) 또 함께 일으키사 그리스도 예수 안에서 함께 하늘에 앉히시니 이는 그리스도 예수 안에서 우

리에게 자비하심으로써 그 은혜의 지극히 풍성함을 오는 여러 세대
에 나타내려 하심이라 너희는 그 은혜에 의하여 믿음으로 말미암아
구원을 받았으니 이것은 너희에게서 난 것이 아니요 하나님의 선물
이라 행위에서 난 것이 아니니 이는 누구든지 자랑하지 못하게 함이
라"(엡 2:3-9).

## 오류 5

**항론파의 주장:** 어떤 사람들을 구원하는 불완전하고 미결정적인 선택
은 이제 막 시작됐거나 일어난 지 얼마 안 된, 앞을 내다본 믿음과 회
심과 거룩함과 경건함을 근거로 이루어진다. 반면, 어떤 사람들을 구
원하는 완전하고 결정적인 선택은 믿음과 회심과 거룩함과 경건함 안
에서 끝까지 앞을 내다본 인내 때문에 이루어진다. 그리고 택함 받은
사람이 택함 받지 못한 사람보다 더 가치 있으므로 이 선택이 은혜롭
고 복음적인 가치를 지니게 된다. 그러므로 믿음, 믿음의 순종, 거룩
함, 경건함, 인내는 영광에 이르게 될 사람들이 맺게 될 불변하는 선택
의 열매나 효과가 아니라, 완전한 선택 안에서 택함 받을 사람들에게
필요한 조건과 원인이며, 그들 안에서 성취될 것으로 하나님께서 앞을
내다보신 것이다.

**성경에 따른 반론:** 이 주장은 성경 전체의 가르침에 어긋난다. 성경은
성경 전체에 걸쳐 다음과 같은 말씀들을 우리의 마음과 귀에 새긴다.
"택하심을 따라 되는 하나님의 뜻이 행위로 말미암지 않고 오직 부르
시는 이로 말미암아 서게 하려 하사"(롬 9:11), "영생을 주시기로 작정
된 자는 다 믿더라"(행 13:48), "곧 창세전에 그리스도 안에서 우리를
택하사 우리로 사랑 안에서 그 앞에 거룩하고 흠이 없게 하시려고"(엡
1:4), "너희가 나를 택한 것이 아니요 내가 너희를 택하여"(요 15:16),
"만일 은혜로 된 것이면 행위로 말미암지 않음이니 그렇지 않으면 은
혜가 은혜 되지 못하느니라"(롬 11:6), "사랑은 여기 있으니 우리가 하
나님을 사랑한 것이 아니요 하나님이 우리를 사랑하사 우리 죄를 속하

기 위하여 화목제물로 그 아들을 보내셨음이라"(요일 4:10).

## 오류 6

**항론파의 주장:** 구원에 이르는 모든 선택이 불변하는 것은 아니다. 택함 받은 사람 중 어떤 사람들은 멸망할 수 있고, 실제로 영원히 멸망한다. 그들이 멸망하지 않도록 하나님께서 지켜주시겠다는 작정이 없기 때문이다.

**성경에 따른 반론:** 항론파는 이 엄청난 오류로 하나님을 변덕스러운 분으로 만들고, 경건한 사람들이 자신들이 받은 선택의 견고함으로 말미암아 누리는 위로를 파괴하며, 성경의 가르침을 부정한다. 그러나 성경은 택하신 자들이 미혹될 수 없으며(마 24:24), 하나님 아버지께서 예수 그리스도께 주신 자 중에 한 사람도 그리스도께서 잃어버리지 아니하시고(요 6:39), 하나님께서 미리 정하신 그들을 또한 부르시고 부르신 그들을 또한 의롭다 하시고 의롭다 하신 그들을 또한 영화롭게 하신다고 가르친다(롬 8:30).

## 오류 7

**항론파의 주장:** 이 세상에서는 변할 수 있고 불확실한 조건에 의존하는 것 말고는, 누구도 영광에 이르는 불변하는 선택을 받는 것에 대해 어떤 열매도 자각도 확신도 가질 수 없다.

**성경에 따른 반론:** 불확실한 확실성을 말하는 것 자체가 터무니없을 뿐 아니라 항론파의 주장은 성도들의 경험과도 맞지 않는다. 왜냐하면, 성도들은 자신들이 택함 받았음을 자각함으로 사도와 함께 크게 기뻐하며, 하나님께서 주신 이 선택의 은혜로 말미암아 찬양하기 때문이다. 성도들은 그리스도의 제자들과 함께 자신들의 이름이 하늘에 기록된 것으로 기뻐한다(눅 10:20). 마지막으로 성도들은 마귀가 유혹의 불화살을 쏠 때도 자신들이 택함 받은 자라는 것을 자각하면서 다음과 같이 "누가 능히 하나님께서 택하신 자들을 고발하리요?"(롬 9:33)라고 말하며 그 시험을 물리친다.

**오류 8**

**항론파의 주장:** 하나님께서는 단지 하나님의 공의로우신 뜻을 따라 누구는 아담의 타락과 죄의 공통된 상태와 정죄 가운데 남겨 두기로, 또는 믿음과 회개에 필요한 은혜를 주시는 일에 누구는 주시지 않고 지나치기로 결정하지 않으신다.

**성경에 따른 반론:** 이런 주장에 대해 다음과 같은 말씀들이 꿋꿋이 서 있다. "그런즉 하나님께서 하고자 하시는 자를 긍휼히 여기시고 하고자 하시는 자를 완악하게 하시느니라"(롬 9:18). 또한, "천국의 비밀을 아는 것이 너희에게는 허락되었으나 그들에게는 아니되었나니"(마 13:11). 비슷하게 "천지의 주재이신 아버지여, 이것을 지혜롭고 슬기 있는 자들에게는 숨기시고, 어린아이들에게는 나타내심을 감사하나이다. 옳소이다. 이렇게 된 것이 아버지의 뜻이니이다"(마 11:25-26).

**오류 9**

**항론파의 주장:** 하나님께서 어떤 민족에게는 복음을 주시고, 또 어떤 민족에게는 복음을 주시지 않는 이유는 이것만이 하나님의 선하신 뜻이어서가 아니다. 오히려 복음을 받은 어떤 민족이 복음을 받지 못한 다른 민족보다 더 낫고 가치 있기 때문이다.

**성경에 따른 반론:** 모세는 이스라엘 백성에게 다음과 같이 말하면서 이 주장의 오류를 반박한다. "하늘과 모든 하늘의 하늘과 땅과 그 위의 만물은 본래 네 하나님 여호와께 속한 것이로되 여호와께서 오직 네 조상들을 기뻐하시고 그들을 사랑하사 그들의 후손인 너희를 만민 중에서 택하셨음이 오늘과 같으니라"(신 10:14-15). 그리스도께서도 다음과 같이 말씀하셨다. "화 있을진저 고라신아 화 있을진저 벳새다야 너희에게 행한 모든 권능을 두로와 시돈에서 행하였더라면 그들이 벌써 베옷을 입고 재에 앉아 회개하였으리라"(마 11:21).

# 둘째 교리: 그리스도의 죽으심과 그 죽으심으로 말미암은 사람의 구속

### 제1항: 하나님의 공의가 요구하는 형벌

하나님께서는 지극히 자비로우실 뿐만 아니라 지극히 공의로우시다. 하나님의 공의는 (하나님께서 말씀에서 하나님 자신을 계시하신 것과 같이) 하나님의 무한하신 위엄을 거슬러 저지른 우리의 죄에 대해 우리 몸과 영혼 모두에 일시적인 형벌들과 영원한 형벌을 요구한다. 하나님의 공의에 대하여 하나님께서 만족하시지 않는 한 우리는 이 형벌들을 면할 수 없다.

### 제2항: 그리스도께서 하나님의 공의에 대하여 하나님을 만족하시게 하심

하지만 우리 스스로는 하나님의 공의에 대한 만족을 하나님께 드릴 수 없으며, 하나님의 진노로부터 우리 자신을 건져 낼 수도 없다. 그래서 하나님께서는 하나님의 무한하신 자비로 하나님의 독생자를 우리에게 보증으로 주시고, 보증이신 독생자 그리스도께서 우리를 위해 하나님의 공의에 대한 만족을 하나님께 드리시도록, 십자가에서 우리를 위해, 우리를 대신해 그리스도께서 죄와 저주가 되게 하셨다.

### 제3항: 그리스도의 죽으심이 지니는 무한한 가치

하나님의 아들의 이 죽으심은 죄에 대한 유일하고 전적으로 완전한 희생제사이자 만족이며, 무한한 가치를 지니기에 온 세상의 죄를 속하는 데 넘치도록 충분하다.

### 제4항: 그리스도의 죽으심이 무한한 가치를 지니는 이유

그리스도의 죽으심이 무한한 가치를 지니는 이유는 죽음을 겪으신 그리스도께서 우리의 구주가 되시기 위해 필요한 조건으로 완전히 거룩한 사람이실 뿐만 아니라, 하나님의 독생자로서 성부 하나님과 성령 하나님과 본질이 같으시고, 동등하게 영원하시며 무한하신 분이기 때문이다. 또한, 그리스도의 죽으심은 우리가 지은 죄 때문에 우리가 마땅히 받아야 할 하나님의 진노와 저주를 그리스도께서 우리 대신 겪으신 것이기 때문에 무한한 가치를 지닌다.

### 제5항: 모든 사람에게 복음을 선포하라고 명령하심

더욱이 복음은 십자가에 못 박히신 그리스도를 믿는 자마다 멸망하지 않고 영생을 얻을 것이라고 약속한다. 이 약속은 회개하고 믿으라는 명령과 함께 모든 나라 모든 사람에게, 그렇게 모든 사람이 복음 듣기를 원하시는 하나님의 선하신 기쁘심에 따라 어떠한 차별이나 예외 없이 선언되고 선포되어야 한다.

### 제6항: 불신앙에 대한 사람의 책임 – 어떤 사람들이 믿지 않는 이유

하지만, 복음을 통해 부르심 받은 사람 중 많은 사람이 회개하지 않고 그리스도를 믿지 않아서 불신앙 가운데 멸망한다. 이들이 멸망하는 것은 그리스도께서 십자가에서 드리신 희생제사가 흠이 있거나 불충분해서가 아니라 그들 자신의 잘못 때문이다.

### 제7항: 하나님께서 믿음을 선물로 주심 – 어떤 사람들이 믿는 이유

그러나 참되게 믿고 그리스도의 죽으심으로 말미암아 그들이 받아야 할 죄와 멸망에서 건짐 받고 구원받는 사람들은 오직 하나님의 은혜로 이 혜택을 받는다. 하나님께서는 어느 누구에게도 이 은혜를 베푸실 의무가 없다. 다만 이 은혜는 하나님께서 영원 전에 그리스도 안에서 그들에게 주신 것이다.

### 제8항: 그리스도의 죽으심으로 말미암는 구원의 효과

왜냐하면 하나님께서 택함 받은 사람들에게만 의롭다 함을 받는 믿음을 선물로 주시고, 이 믿음으로 그들이 반드시 구원받게 하시기 위해 하나님의 아들이 고귀하게 치르신 죽음을 통해 택하신 자들을 효과적으로 살리고 구원하는 것이 바로 하나님의 전적으로 주권적인 계획과 은혜로 풍성한 뜻이며 의도였기 때문이다.

다시 말하면, 하나님의 뜻은 모든 백성과 족속과 나라와 방언 가운데서 영원 전에 하나님께서 구원받도록 택하셔서 그리스도께 주신 모든 사람을 그리스도께서 십자가에서 흘리신 (새 언약을 확증하는) 피를 통해 효과적으로 구속하시는 것, 그리스도께서 (성령님께서 주시는 다른 구원하는 은사들과 같이 그들을 위해 자신의 죽으심으로 값 주고 사신) 믿음을 그들에게 주시는 것, 그들의 원죄와 그들이 믿기 전에 지은 본죄나 믿은 후에 지은 본죄 모두 그리스도의 피로 깨끗하게 하시는 것, 그들을 끝까지 신실하게 지키셔서 마침내 티나 주름 잡힌 것 없이 그리스도 앞에 영광스러운 교회로 세우시는 것이다.

### 제9항: 하나님께서 세우신 계획의 성취

택하신 자들을 영원히 사랑하시기 때문에 세우신 하나님의 이 계획은 태초부터 지금까지 매우 힘 있게 이루어져 왔으며 앞으로도 매우 힘 있게 이루어질 것이다. 음부의 권세가 이 계획을 좌절시키려고 헛되이 애쓴다 할지라도 계속해서 이루어질 것이다. 결국, 때가 되면 택함 받은 사람들은 하나로 모이며, 그리스도의 피 위에 세워진 신자의 교회는 항상 있을 것이다. 이 교회는, 신랑이 자신의 신부를 위해 하듯, 십자가 위에서 자신의 교회를 위해 자기 목숨을 버리신 그들의 구주 그리스도를 늘 변함없이 사랑하고, 끊임없이 예배하며, 지금부터 영원히 찬양할 것이다.

지금까지 그리스도의 죽으심과 그 죽으심으로 말미암은 사람의 구속에 관한 참된 교리를 밝히 드러냈으므로, 총회는 다음의 오류들을 거부한다.

### 오류 1

**항론파의 주장:** 성부 하나님께서는 어떤 사람들을 구원할 변하지 않고 분명한 작정 없이 그리스도께서 십자가에서 죽게 하셨다. 그러나 그리스도께서 자신의 죽으심으로 얻으신 구속의 필요성과 유익과 가치는,

비록 그리스도께서 얻으신 구속이 실제로 어느 누구에게도 적용되지 않았다 할지라도, 모든 면에서 완벽하고 완전하며 온전하게 남아 있을 것이다.

**성경에 따른 반론:** 항론파의 주장은 성부 하나님의 지혜와 예수 그리스도의 공로를 모욕하고, 성경의 가르침을 거스른다. 우리 구주께서 다음과 같이 말씀하셨기 때문이다. "나는 양을 위하여 목숨을 버리노라"(요 10:15). "나는 그들을 알며"(요 10:27). 선지자 이사야는 구주에 대해 다음과 같이 말했다. "그의 영혼을 속건제물로 드리기에 이르면 그가 씨를 보게 되며 그의 날은 길 것이요 또 그의 손으로 여호와께서 기뻐하시는 뜻을 성취하리로다"(사 53:10). 마지막으로 이 거짓 주장은 교회에 관하여 우리가 믿는 바를 고백하는 신경을 거스른다.

## 오류 2

**항론파의 주장:** 그리스도께서 죽으신 목적은 자신의 피로 새 언약을 실제로 이루시는 것이 아니라, 은혜 언약이든지 행위 언약이든지 사람과 한 번 더 언약을 맺으실 권리만을, 성부 하나님을 위해 그리스도께서 얻으시는 것이었다.

**성경에 따른 반론:** 항론파의 이 거짓 주장은 성경의 가르침에 모순된다. 성경은 그리스도께서 더 좋은 언약, 곧 새 언약의 보증과 중보자가 되셨으며(히 7:22), 유언은 유언한 자가 죽은 후에야 유효하다고 가르친다(히 9:15, 17).

## 오류 3

**항론파의 주장:** 그리스도께서는 자신이 드리신 만족하시게 하심을 통해 실제로 어느 누구를 위한 구원 그 자체를 공로로 얻으신 것이 아니며, 구원받게 하는 그리스도의 이 만족하시게 하심이 실제로 어느 누구의 것이 되게 하는 믿음도 공로로 얻으신 것이 아니다. 그리스도께서는 다만 성부 하나님을 위해 사람과 새롭게 관계를 맺고 성부 하나님께서 원하시는 대로 새로운 조건을 세우는 권위와 완전한 의지만을

공로로 얻으신 것이다. 하지만 이 조건들을 충족하게 하는 것은 사람의 자유로운 선택에 달려 있다. 따라서 모든 사람이 이 조건이 충족되게 할 수도 있고, 단 한 사람도 이 조건이 충족되지 않게 할 수도 있다.

**성경에 따른 반론:** 항론파는 그리스도의 죽으심을 너무도 가볍게 생각하고 있다. 또 그리스도께서 자신의 죽으심으로 얻으신 가장 중요한 열매와 혜택을 전혀 인정하지 않으며, 정죄 받은 펠라기우스의 오류를 지옥에서 다시 가져왔다.

### 오류 4

**항론파의 주장:** 그리스도의 죽으심으로 이루어진 중보를 통해 하나님께서 사람과 은혜 언약을 새로 맺으셨지만, 우리가 그리스도의 공로를 받아들인다고 해서 우리가 하나님께 의롭다 하심을 받고 믿음으로 구원받는 것은 아니다. 오히려 이 새로운 은혜 언약은 하나님께서 율법에 완전히 순종하라는 요구를 사람에게서 철회하시고, 믿음 그 자체와 불완전한 순종을 율법에 대한 완전한 순종으로 여겨 주실 뿐만 아니라, 은혜롭게도 그 믿음과 불완전한 순종을 영생의 상을 받을 만한 가치 있는 것으로 여겨주신다는 것이다.

**성경에 따른 반론:** 이 주장은 성경과 모순된다. "그리스도 예수 안에 있는 속량으로 말미암아 하나님의 은혜로 값없이 의롭다 하심을 얻은 자 되었느니라 이 예수를 하나님이 그의 피로써 믿음으로 말미암는 화목제물로 세우셨으니"(롬 3:24-25). 또한 항론파는 간악한 소시누스가 모든 교회가 일치하여 고백한 믿음을 거슬러 그랬던 것처럼 하나님 앞에서 성경과 다른 칭의 교리를 주장하는 것이다.

### 오류 5

**항론파의 주장:** 모든 사람이 하나님과 화목하고 은혜 언약으로 받아들여졌으므로 어느 누구도 원죄 때문에 정죄 받지 않으며, 정죄 받지 않을 것이다. 모든 사람은 원죄에 대한 책임에서 벗어났다.

**성경에 따른 반론:** 이 주장은 우리가 본질상 진노의 자녀라는 성경의

가르침과 충돌한다(엡 2:3).

### 오류 6

**항론파의 주장:** 하나님께서는 그리스도께서 자신의 죽으심으로 얻으신 혜택들을 모든 사람에게 똑같이 주기 원하시지만, 어떤 사람들은 죄를 용서받고 영생을 받지만 어떤 사람들은 받지 못한다. 이런 구별은 차별 없이 베푸시는 은혜를 적용하는 사람들의 자유의지에 따른 것이며, 그들 안에서 이 은혜를 다른 사람들보다 매우 힘 있게 적용하시는 하나님의 특별한 자비의 선물 때문은 아니다.

**성경에 따른 반론:** 이렇게 가르치는 사람들은 구원을 받는 것과 구원을 적용하는 것의 구별을 오용함으로써 분별력이 부족하고 미숙한 사람들을 혼란하게 한다. 이들은 건전한 의미에서 이 구별을 제시하는 것처럼 가장하지만, 실제로는 사람들의 마음에 펠라기우스주의의 치명적인 독을 주입하려고 애쓰는 것이다.

### 오류 7

**항론파의 주장:** 그리스도께서는 하나님께서 극진히 사랑하시고 영생에 이르도록 택하신 사람들을 위해 죽으실 수도 없었고, 죽으셨어도 안 되며, 죽지도 않으셨다. 왜냐하면 그들은 그리스도의 죽으심을 필요로 하지 않기 때문이다.

**성경에 따른 반론:** 항론파의 이 주장은 다음과 같이 선포하는 사도들의 가르침과 모순된다. "나를 사랑하사 나를 위하여 자기 자신을 버리신 하나님의 아들"(갈 2:20). 비슷하게 "누가 능히 하나님께서 택하신 자들을 고발하리요 의롭다 하신 이는 하나님이시니 누가 정죄하리요"(롬 8:33-34). 또한 이 주장은 다음과 같이 단언하시는 우리 구주의 가르침과도 모순된다. "나는 양을 위하여 목숨을 버리노라"(요 10:15). "내 계명은 곧 내가 너희를 사랑한 것 같이 너희도 서로 사랑하라 하는 이것이니라 사람이 친구를 위하여 자기 목숨을 버리면 이보다 더 큰 사랑이 없나니"(요 15:12-13).

# 셋째·넷째 교리: 사람의 부패, 하나님께로의 회심과 그 회심이 일어나는 과정

### 제1항: 타락이 사람의 본성에 끼친 영향

사람은 본래 하나님의 형상을 따라 지음 받았다. 하나님께서는 사람의 지성은 사람을 창조하신 하나님과 영적인 일들에 대한 참되고 유익한 지식으로 채워주시고, 사람의 의지와 마음은 의롭게, 정서는 순결하게 지으셨다. 참으로 사람의 모든 면이 거룩했다. 그러나 사람은 마귀가 유혹하자 자유의지로 하나님을 거슬러 반역함으로써 하나님께서 주신 이 탁월한 은사들을 스스로 상실했다. 그리하여 이 탁월한 은사들을 대신하여 사람의 지성은 무지와 끔찍한 어둠과 헛된 생각과 왜곡된 판단에 사로잡히게 되었고, 마음과 의지는 사악하고 패역하고 완고해졌으며, 그의 모든 정서는 불결하게 됐다.

### 제2항: 부패의 확산

타락 후 사람은 자기 자신과 똑같은 본성의 자녀들을 낳았다. 다시 말하면 사람은 부패한 존재로서 부패한 자녀들을 낳은 것이다. 이 부패는 오직 그리스도 한 분만을 제외하고는, 하나님의 공의로운 심판을 따라 아담으로부터 그의 모든 후손에게 퍼졌다. 이는 이전에 펠라기우스주의자들이 주장한 것처럼 모방에 의해서가 아니라, 사악한 본성이 유전됨으로 일어난다.

### 제3항: 전적 무능

따라서 모든 사람이 죄 중에서 잉태되며 진노의 자녀로 태어난다. 구원받을 만한 어떠한 선도 행할 수 없고, 항상 악을 행하며, 자기 죄 가운데 죽었고, 죄의 노예다. 사람은 성령님의 중생하게 하시는 은혜가 없이는 하나님께로 돌아오거나, 타락한 본성을 고치거나, 하나님께서 자신들을 새롭게 하시도록 내어드리려고 하지도 않으며 할 수도 없다.

---

### 제4항: 불충분한 본성의 빛

물론 타락 후에도 사람에게는 본성의 빛이 어느 정도 남아 있다. 그래서 사람은 하나님과 세상 만물과 선과 악의 차이에 대해 약간의 지식을 갖고 있으며, 덕과 외적 선행에 어느 정도 열의도 지니고 있다. 그러나 사람은 이 본성의 빛으로는 구원에 관한 하나님의 지식을 알 수 없으며, 참되게 회심할 수도 없다. 게다가 사람은 지금까지도 자연계에 관련된 일들과 사회적인 일들에서조차도 이 본성의 빛을 올바르게 사용하지 않는다. 그보다도 이 본성의 빛의 특성이 정확히 어떤 것이든 여러 방법으로 이 빛을 왜곡하고 불의로 이 빛을 억누른다. 그렇게 함으로써 사람은 스스로 하나님 앞에서 핑계할 수 없게 된다.

### 제5항: 율법의 불충분함

본성의 빛에 대한 이러한 사실은 하나님께서 모세를 통해 유대인들에게 특별히 주신 십계명에도 똑같이 적용된다. 왜냐하면 십계명 곧 율법은 비록 사람이 지은 죄의 무거움을 드러내고, 그 죄책을 더욱 깨닫게 하지만, 사람에게 구원의 은혜를 줄 수는 없기 때문이다. 율법은 사람을 비참의 상태에서 나오게 할 수도 없고 빠져나올 방법을 그에게 알려 줄 수도 없기 때문이다. 오히려 육신으로 말미암아 연약한 율법은 죄인을 저주 아래 남겨 둔다.

### 제6항: 복음의 필요

그러므로 본성의 빛이나 율법이 할 수 없는 것을 하나님께서는 성령님의 능력으로 화목하게 하는 말씀 또는 화목하게 하는 직분을 통해 이루신다. 이것이 바로 메시야에 관한 복음인데 이 복음을 통해 하나님께서는 구약과 신약 아래에서 믿는 모든 사람을 구원하시는 일을 기뻐하셨다.

### 제7항: 하나님께서 복음을 어떤 사람들에게는 주시고, 어떤 사람들에게는 주지 않으시는 이유

하나님께서는 복음을 통해 구원하시는 하나님의 뜻에 관한 비밀을 구약 아래에서는 단지 소수의 사람에게만 계시하셨다. 그러나 신약 아래에서는 민족 간의 차별 없이 많은 사람에게 이 비밀을 드러내셨다. 복음이 이러한 차이를 두고 전해진 이유는 어느 한 민족이 다른 민족보다 더 가치가 있어서라거나, 본성의 빛을 더 잘 사용해서가 아니다. 오직 하나님의 주권적이며 선하신 기쁨과 받을 자격 없는 사람에게 베푸시는 하나님의 사랑 때문이다. 그러므로 마땅히 받아야 할 모든 것 대신에 오히려 그토록 심히 큰 은혜를 하나님께 받은 사람들은 겸손하고 감사하는 마음으로 이 사실을 인정해야 한다. 또한 이 은혜를 받지 못한 사람들에게 나타내신 하나님의 엄격하고 공의로운 심판에 대해 꼬치꼬치 캐물으려 해서는 결코 안 되며 사도들과 함께 경배해야 한다.

### 제8항: 복음을 통해 진지하게 부르심

그렇지만 복음을 통해 부르심 받는 사람들은 진지하게 부르심을 받는다. 하나님께서는 진지하고 지극히 진실하게 하나님께서 기뻐하시는 것을 자신의 말씀에서 알려주시기 때문이다. 따라서 부르심을 받은 사람들은 하나님께 나와야만 한다. 하나님께서는 하나님께 나아와 자신을 믿는 모든 사람에게 영혼의 안식과 영생 또한 진지하게 약속하시기 때문이다.

### 제9항: 부르심을 받은 사람 중 어떤 사람들이 복음을 거절하는 이유

복음 사역을 통해 부르심을 받은 사람 중 어떤 사람들이 하나님께 나아와 회심하지 않는 것은 복음 탓도, 복음이 제시하는 그리스도의 탓도, 복음을 통해 사람들을 부르시고 그들에게 다양한 은사를 주시는 하나님의 탓도 아니다. 책임은 그들에게 있다. 어떤 사람들은 자신을 지나치게 믿고 생명의 말씀을 거부한다. 어떤 사람들은 생명의 말씀을 받되 마음에 새기지 않은 까닭에 일시적인 믿음에서 나오는 기쁨이 이내 사라지고 다시 원래의 상태로 돌아간다. 어떤 사람들은 세상이 주는 즐거움과 근심의 가시로 생명의 씨앗을 자라지 못하게 막아 아무 열매도 맺지 못하게 한다. 우리 구주께서는 씨 뿌리는 사람의 비유로 이 내용을 가르치신다(마 13장).

**제10항: 부르심을 받은 사람 중 어떤 사람들이 하나님께 나아와 회심하는 이유**

복음 사역을 통해 부르심을 받은 사람 중 어떤 사람들은 하나님께 나아와 회심한다. 그러나 이를 사람의 공으로 돌려서는 안 된다. (교묘한 펠라기우스주의자들이 주장하는 것처럼) 자신들이 하나님께 나아와 회심하는 것을 자유롭게 선택했기 때문에, 믿고 회심할 수 있는 똑같은 또는 충분한 은혜를 받은 다른 사람들과 자신들은 다르다고 할 수 없다. 어떤 사람들이 하나님께 나아와 회심하는 일은 전적으로 하나님으로 말미암는다. 하나님께서는 하나님의 백성을 영원 전에 그리스도 안에서 선택하셔서, 이 세상에서 사는 동안 그들을 효과적으로 부르시고, 믿고 회개하게 하시며, 흑암의 권세에서 건져 내사 그의 사랑의 아들의 나라로 옮기신다. 이는 성경에서 사도들이 자주 증언하는 것처럼, 그들로 하여금 그들을 어두운 데서 불러 내어 그의 기이한 빛에 들어가게 하신 이의 아름다운 덕을 선포하게 하고, 그들 자신을 자랑하지 않고 오직 주님만을 자랑하게 하시기 위해서다.

**제11항: 하나님께서 회심을 일으키시는 방법**

더더군다나 하나님께서 택하신 자들 안에서 이 선하신 기쁨을 따라 행하실 때, 곧 그들 안에서 참된 회심이 일어나게 하실 때, 하나님께서는 복음이 그들에게 선포되도록 돌보시고, 성령님의 권능으로 그들의 지성을 밝게 하셔서 그들이 하나님의 성령께서 하시는 일들을 바르게 이해하고 분별하게 하신다. 이뿐만 아니라 하나님께서는 중생하게 하시는 동일한 성령님의 효과적인 일하심으로 사람의 가장 깊은 속까지 파고들어 가셔서, 닫힌 마음을 여시고, 굳은 마음을 부드럽게 하시며, 할례받지 못한 마음에 할례를 행하신다. 또 그들의 의지에 새로운 자질들을 주셔서 죽은 의지를 살리시고, 악한 의지를 선한 의지로, 꺼리는 의지를 소원하는 의지로, 완악한 의지를 순한 의지로 바꾸신다. 하나님께서는 의지를 움직이시고 강하게 하셔서 좋은 나무가 그러하듯 선행의 열매를 맺을 수 있게 하신다.

### 제12항: 초자연적인 중생

이것이 바로 성경에서 그토록 밝히 선포하는 중생이나, 새 창조요, 죽은 자들 가운데서 다시 살리심과 부활이다. 이를 하나님께서는 우리의 도움 없이 우리 안에서 이루신다. 중생은 결코 외적인 가르침이나 도덕적 설득만으로 일어나지 않는다. 또한 하나님께서 하셔야 할 일을 다 하신 후에, 사람이 중생할지 아닐지, 회심할지 아닐지가 사람의 능력에 달려 있는 방식으로 일어나는 것도 아니다. 도리어 중생은 전적으로 초자연적인 일이다. 동시에 가장 강력하고 지극히 기쁘고 심히 놀랍고 더없이 신비하며 이루 말로 다 할 수 없는 일이다. (이런 일을 행하시는 성령님에 의해 영감된) 성경에 따르면 중생의 능력은 적어도 창조나 죽은 자를 다시 살리는 부활에 못지않다. 고로 하나님께서 그 마음에 이토록 놀랍게 일하시는 모든 사람은 분명히, 적확히, 효과적으로 중생하고 실제로 믿는다. 이제 그렇게 새로워진 의지는 하나님으로 말미암아 움직이고 동기를 부여받을 뿐만 아니라 하나님께서 작용을 끼치셨기 때문에 그 자체가 활동적이다. 이런 이유로 사람이 그가 받은 은혜로 말미암아 믿고 회개한다는 말 또한 옳다.

### 제13항: 완전히 이해할 수 없는 중생

신자들은 하나님께서 이 일을 어떻게 일어나게 하시는지를 이 세상에서는 완전히 이해할 수 없다. 그런데도 신자들은 하나님께서 주신 이 은혜 때문에 그들이 그들의 구주를 마음으로 믿고 사랑한다는 것을 알고 경험하기에 만족해한다.

### 제14항: 하나님께서 믿음을 주시는 방법

그러므로 믿음은 하나님의 선물이다. 하나님께서 주시는 믿음을 단지 사람이 받을지 말지 결정할 수 있게 하시기 때문이 아니라, 하나님께서 믿음을 사람에게 실제로 주시고, 불어넣으시고, 주입하시기 때문이다. 다시 말하면, 하나님께서 사람에게 단지 믿을 가능성만을 주신 뒤, 사람이 스스로 믿기로 동의하거나, 어떤 믿는 행동을 하는 것을 기다리신다는 의미에서의 선물이 아니다. 오히려, 원할 뿐만 아니라 행동하게 하시며, 참으로 모든 사람 안에서 모든 일을 하시는 하나님께서 사람에게 믿으려는 의지와 믿음 그 자체를 주신다는 의미에서의 선물인 것이다.

**제15항: 받을 자격이 없는 사람들에게 베푸신 하나님의 은혜에 대한 합당한 태도**

하나님께서는 어느 누구에게도 이 은혜를 베푸실 의무가 없다. 주게 먼저 드려서 갚으심을 받을 것이 없는 사람에게 하나님께서 왜 은혜를 베푸셔야 하는가? 정말로, 죄와 거짓 외에는 하나님께 드릴 것이 아무것도 없는 사람에게 하나님께서 왜 은혜를 베푸셔야 하는가? 그러므로 이 은혜를 받는 사람은 오직 하나님께만 감사드려야 하며 영원히 감사드린다. 그렇지만 이 은혜를 받지 못한 사람은 이런 영적인 일들에 관심이 전혀 없으며, 그가 가지고 있는 것에 만족하고, 실제로는 자신에게 없는 것을 가지고 있다고 생각하며 어리석게도 지나치게 자신을 믿고 헛되이 자랑한다. 더 나아가서, 자신들의 신앙을 밖으로 고백하고 그들의 삶을 갱생해 나가는 사람들에 대해 우리는 사도들의 본을 따라 가장 호의적으로 판단하고 말해야 한다. 우리는 마음속 가장 깊은 곳에 무엇이 있으며, 그곳에서 무슨 일이 일어나는지 알지 못하기 때문이다. 그리고 우리는 아직 부르심을 받지 못한 사람들을 위해 없는 것을 있게 부르시는 하나님께 기도해야 한다. 그러나 우리가 그들과는 질적으로 다른 것처럼 그들보다 우리를 더 낫게 여기며 거만하게 굴어서는 안 된다.

**제16항: 사람의 의지를 올바로 되살아나게 하는 중생**

그런데 타락했다고 해서 지성과 의지가 사람에게서 상실된 것은 아니며, 죄가 온 인류에게 퍼졌다고 해서 사람의 본성이 파괴된 것은 아니다. 다만 죄는 사람을 부패시키고 영적으로 죽였다. 마찬가지로 중생하게 하는 하나님의 은혜도 사람을 아무런 생명력이 없는 돌이나 나무처럼 대하지 않고, 사람의 의지와 의지의 속성들을 파괴하거나 꺼리는 의지를 힘으로 강압하지 않는다. 오히려 중생하게 하는 하나님의 은혜는 사람의 의지를 영적으로 소생하게 하고, 치료하며, 교정하고, 기쁨으로 복종하게 하며 동시에 힘을 다해 복종하게 한다. 그 결과 이전에 육신의 반역과 저항이 완전히 지배하던 곳을 이제는 성령님으로 말미암아 마음에서 우러나온 진심 어린 순종이 우세하기 시작한다. 바로 여기에 우리 의지의 참되고 영적인 회복과 자유가 있다. 그러므로 모든 선을 만드신 경이로우신 하나님께서 우리를 이렇게 다루시지 않는다면, 죄가 그 안에 없을 때도 자유의지로 자신을 파멸 가운데 거꾸러뜨린 사람에게는 자신의 자유의지로는 타락에서 일어설 아무런 소망도 없다.

### 제17항: 하나님께서 은혜의 수단을 사용하심

우리를 태어나게 하시고 우리 생명을 유지하시는 하나님의 전능하신 일하심은 수단을 배제하지 않고 오히려 수단을 반드시 사용한다. 하나님께서는 자신의 무한한 지혜와 선하심을 따라 그 수단들을 사용하셔서 자신의 권능을 행하기를 원하신다. 이처럼 앞에서 말한 우리를 중생하게 하시는 하나님의 초자연적인 일하심은 복음의 사용을 배제하거나 무효로 하지 않는다. 하나님께서 자신의 크신 지혜로 복음을 중생의 씨와 우리 영혼의 양식으로 정하셨기 때문이다. 이런 이유로 사도들과 사도들을 이어 가르치는 교사들은 하나님께서 베푸시는 이 은혜에 관해 사람들이 하나님께 영광을 돌리고 그들의 모든 교만을 낮추도록 경건하게 가르쳤다. 그러나 그러면서도 사도들과 교사들은 복음의 거룩한 권고를 따라 말씀과 성례와 권징의 시행 아래서 사람들을 지키는 일에 게으르지 않았다. 그러므로 오늘날에도 교회에서 가르치는 사람이나 가르침을 받는 사람 모두 하나님께서 자신의 선하신 기쁨 안에서 함께 밀접하게 결합하기 원하신 것을 나눔으로써 감히 주제넘게 하나님을 시험해서는 안 된다. 은혜는 권고를 통해 주어지며, 우리가 우리의 의무를 더욱 기쁘고 즐겁게 행할수록 우리 안에서 일하시는 하나님의 은혜의 혜택이 더욱 빛나고, 하나님의 일하심도 더욱더 진전되기 때문이다. 우리에게 은혜의 수단을 주시고, 그 수단을 통해 구원하는 열매와 효과도 주시는 하나님 홀로 영원히 모든 영광을 받으시옵소서. 아멘.

지금까지 사람의 부패, 그리고 사람이 하나님께 회심하는 과정에 관한 참된 교리를 밝히 드러냈으므로, 총회는 다음의 오류들을 거부한다.

## 오류 1

**항론파의 주장:** 정확히 말하면, 원죄 그 자체는 온 인류를 정죄하거나, 온 인류가 일시적인 형벌과 영원한 형벌을 마땅히 받게 만드는 데 충분하지 않다.

**성경에 따른 반론:** 항론파의 이 주장은 다음과 같은 사도의 가르침과 모순된다. "그러므로 한 사람으로 말미암아 죄가 세상에 들어오고 죄로 말미암아 사망이 들어왔나니 이와 같이 모든 사람이 죄를 지었으므로 사망이 모든 사람에게 이르렀느니라"(롬 5:12). 그리고 "심판은 한 사람으로 말미암아 정죄에 이르렀으나"(롬 5:16). 또한, "죄의 삯은 사망이요"(롬 6:23).

## 오류 2

**항론파의 주장:** 선함, 거룩함, 의로움과 같은 영적 은사들 또는 선한 자질들과 덕들은 사람이 처음 지음 받을 때 사람의 의지 안에 있지 않았다. 따라서 사람이 타락했을 때 이런 것들이 사람의 의지에서 분리되었을 리도 없다.

**성경에 따른 반론:** 항론파의 이 주장은 사도가 에베소서 4장 24절에서 선포한 하나님의 형상에 관한 묘사와 충돌한다. 사도는 하나님의 형상은 의와 거룩함으로 지으심을 받았다고 말하는데 이는 분명히 의지에

속하는 것이다.

## 오류 3

**항론파의 주장**: 영적 은사들은 사람이 영적으로 죽었을 때 사람의 의지에서 분리되지 않았다. 의지 그 자체는 결코 부패할 수 없기 때문이다. 의지는 다만 어두운 지성과 무절제한 정서에 방해받을 뿐이다. 그래서 사람의 의지는 이러한 방해 요소들이 제거되면 선천적으로 자유로운 능력을 마음껏 발휘할 수 있을 것이다. 다시 말하면, 의지는 그 앞에 놓인 그 어떤 선도 원하거나 선택할 수 있고, 또는 원하지 않거나 선택하지 않을 수 있다.

**성경에 따른 반론**: 이 주장은 이상한 생각이며 오류요, 자유의지의 능력을 치켜세우는 결과를 가져온다. 곧 선지자 예레미야가 선포한 다음의 말씀과 반대된다. "만물보다 거짓되고 심히 부패한 것은 마음이라"(렘 17:9). 또한 사도의 증언과도 반대된다. "전에는 우리도 다 그(불순종의 아들들) 가운데서 우리 육체의 욕심을 따라 지내며 육체와 마음의 원하는 것을 하여"(엡 2:3).

## 오류 4

**항론파의 주장**: 중생하지 않은 사람은 자기의 죄 때문에 확실히 또는 전적으로 죽은 것이 아니며, 영적 선을 행할 능력을 모두 박탈당하지는 않았다. 그는 의와 생명에 주리고 목말라할 수 있으며, 하나님께서 기뻐하시는 상하고 통회하는 상한 심령의 제사를 하나님께 드릴 수 있다.

**성경에 따른 반론**: 항론파가 주장하는 이런 견해들은 성경의 명백한 증언을 거스른다. "허물과 죄로 죽었던 너희"(엡 2:1), "허물로 죽은 우리"(엡 2:5), "사람의 죄악이 세상에 가득함과 그의 마음으로 생각하는 모든 계획이 항상 악할 뿐임을 보시고"(창 6:5), "사람의 마음이 계획하는 바가 어려서부터 악함이라"(창 8:21). 더욱이 비참에서 건짐 받아 생명에 주리고 목말라 하며, 하나님께 상한 심령의 제사를 드리는

것은 오직 중생하고, 복 있는 사람이라고 불리는 사람들만의 특징이다
(시 51:17; 마 5:6).

## 오류 5

**항론파의 주장**: 부패한 자연인도 일반 은혜(항론파 곧, 아르미니우스주
의자들이 본성의 빛이라 부르는) 또는 타락 후에도 남아 있는 은사들
을 잘 사용할 수 있으며, 그렇게 함으로써 점점, 더 큰 은혜, 곧 복음적
은혜 또는 구원하는 은혜와 구원 그 자체를 얻을 수 있다. 그리고 이런
방법으로 하나님께서는 자신의 편에서 모든 사람에게 그리스도를 친
히 계시하실 준비를 나타내 보이신다. 하나님께서는 모든 사람이 그리
스도를 알고, 그들이 그리스도를 믿고 회개하는 데 필요한 수단들을
충분히 또 효과적으로 베푸시기 때문이다.

**성경에 따른 반론**: 모든 시대의 경험뿐 아니라 무엇보다 성경이 이러한
주장이 거짓임을 증언한다. "그가 그의 말씀을 야곱에게 보이시며 그
의 율례와 규례를 이스라엘에게 보이시는도다 그는 어느 민족에게도
이와 같이 행하지 아니하셨나니 그들은 그의 법도를 알지 못하였도다
할렐루야"(시 147:19-20), "하나님이 지나간 세대에는 모든 민족으로
자기들의 길들을 가게 방임하셨으나"(행 14:16), "성령이 아시아에서
말씀을 전하지 못하게 하시거늘 그들이 브루기아와 갈라디아 땅으로
다녀가 무시아 앞에 이르러 비두니아로 가고자 애쓰되 예수의 영이 허
락하지 아니하시는지라"(행 16:6-7).

## 오류 6

**항론파의 주장**: 하나님께서는 사람이 참되게 회심할 때 그의 의지에 새
로운 자질이나 성향, 또는 은사들을 주입하시거나 부어주실 수 없다.
참으로 우리를 처음 회심에 이르게 하고, 우리를 "믿는 자"라고 불리게
하는 그 믿음은 하나님께서 주입해주시는 자질이나 은사가 아니라 단
지 사람의 행위다. 믿음을 얻는 능력에 관한 것이 아닌 한 믿음은 결코
은사로 불릴 수 없다.

**성경에 따른 반론:** 항론파의 이 주장은 성경과 모순된다. 성경은 하나님께서 우리 마음 안에 믿음, 순종, 하나님의 사랑을 경험하는 것과 같은 새로운 자질들을 부어주신다고 선포한다. "내가 나의 법을 그들의 속에 두며 그들의 마음에 기록하여"(렘 31:33), "나는 목마른 자에게 물을 주며 마른 땅에 시내가 흐르게 하며 나의 영을 네 자손에게, 나의 복을 네 후손에게 부어 주리니"(사 44:3), "우리에게 주신 성령으로 말미암아 하나님의 사랑이 우리 마음에 부은 바 됨이니"(롬 5:5). 또한 이 주장은 교회가 선지자들과 함께 지금까지 함께 기도해 온 것과도 충돌한다. "나를 이끌어 돌이키소서 그리하시면 내가 돌아오겠나이다"(렘 31:18).

## 오류 7

**항론파의 주장:** 우리가 하나님께 회심하도록 하는 은혜는 단지 부드러운 설득이다. (다른 사람들이 설명한 것처럼) 하나님께서 설득을 통해 사람이 회심하도록 하시는 것이 가장 고귀한 방법이며 사람의 본성에 가장 적합한 방법이다. 더군다나 도덕적으로 설득하는 이 은혜만으로도 타락한 상태의 사람을 영적인 사람으로 만드는 데 충분하다. 참으로 하나님께서는 이런 도덕적 설득이 아니고서는 사람의 의지가 동의하도록 하시지 않는다. 하나님께서는 영원한 혜택을 약속하시지만, 사탄은 일시적인 것들을 약속한다는 점에서 하나님의 일하심의 효과는 사탄의 일을 압도한다.

**성경에 따른 반론:** 이 주장은 전적으로 펠라기우스주의이며 성경 전체와 모순된다. 성경은 이러한 설득 외에도 그 이상의 다른 것, 곧 사람을 회심시키시는 성령 하나님의 훨씬 더 효과적이고 신적인 방법을 승인한다. "또 새 영을 너희 속에 두고 새 마음을 너희에게 주되 너희 육신에서 굳은 마음을 제거하고 부드러운 마음을 줄 것이며"(겔 36:26).

## 오류 8

**항론파의 주장:** 하나님께서는 사람을 중생하게 하실 때 자신의 전능하신 권능으로 사람의 의지를 강력하고 확실하게 꺾으셔서 믿고 회개하게 하시지 않는다. 하나님께서 사람을 회심하게 하실 때 사용하시는 모든 은혜의 일을 다 행하셨을지라도 사람은 하나님께 저항할 수 있고 실제로 종종 저항한다. 그래서 하나님과 성령님께서 그에게 중생을 일으키시고자 의도하시고 뜻하신다 할지라도 사람은 중생이 결코 일어나지 못하게 한다. 따라서 중생할지 그렇지 않을지는 참으로 사람의 능력에 달려 있다.

**성경에 따른 반론:** 항론파의 이 같은 주장은 우리를 회심하게 하시는 하나님의 은혜가 가져오는 모든 효과적인 기능을 부인하는 것이며, 전능하신 하나님의 행위를 사람의 의지 아래 종속시키는 것이다. 또한 사도들의 증언과도 모순된다. 사도들은 하나님께서 강력한 힘으로 일하심으로써 우리가 믿는다고 가르치고(엡 1:19), 인자하신 하나님께서 우리에게는 분에 넘치는 선한 뜻과 믿음의 일을 우리 안에서 이루신다고 가르치며(살후 1:11), 마찬가지로 하나님의 거룩한 능력으로 우리가 생명과 경건에 속한 모든 것을 받았다고 가르친다(벧후 1:3).

## 오류 9

**항론파의 주장:** 은혜와 자유의지는 협력하여 회심을 시작하게 하는 회심의 부분적인 원인인데, 회심이 일어나게 하는 순서에서 은혜는 의지의 효과적인 영향보다 앞서지 않는다. 다시 말하면, 사람의 의지가 움직여서 회심하기로 결단하기 전까지는 하나님께서 사람이 회심하도록 그의 의지를 효과적으로 돕지 않으신다.

**성경에 따른 반론:** 초대교회는 이미 오래전 이러한 펠라기우스주의자들의 가르침을 사도의 증언에 기초해 정죄했다. "그런즉 원하는 자로 말미암음도 아니요 달음박질하는 자로 말미암음도 아니요 오직 긍휼히 여기시는 하나님으로 말미암음이니라"(롬 9:16), "누가 너를 남달리 구별하였느냐 네게 있는 것 중에 받지 아니한 것이 무엇이냐"(고전

4:7), "너희 안에서 행하시는 이는 하나님이시니 자기의 기쁘신 뜻을 위하여 너희에게 소원을 두고 행하게 하시나니"(빌 2:13).

## 다섯째 교리: 성도의 견인

### 제1항: 중생한 사람도 그들 안에 남아 있는 죄에서 완전히 해방되지 않음
하나님의 목적에 따라 자신의 아들 예수 그리스도와의 교제 가운데로 부르시고 성령님으로 말미암아 중생하게 하신 사람들을 하나님께서는 죄의 지배와 죄의 종노릇에서도 해방하신다. 하지만 그들을 이 세상에서는 육신과 죄의 몸에서 완전히 해방되게 하시지는 않는다.

### 제2항: 연약하여 날마다 죄를 짓지만, 온전함을 푯대 삼는 성도들
그러므로 성도들은 연약하여 날마다 죄를 짓고, 심지어 그들의 최선의 행위에도 흠이 있다. 이런 이유들은 성도들이 하나님 앞에서 그들 자신을 매일 겸손하게 낮추고, 십자가에 못 박히신 그리스도께로 피하며, 탄식으로 우리를 위해 간구하시는 성령님으로 말미암아 또 경건을 거룩하게 행함으로써 육신을 점점 더 죽이고, 마침내 이 사망의 몸에서 완전히 해방되어 천국에서 하나님의 어린 양과 함께 왕 노릇 할 때까지 온전함을 푯대 삼아 힘껏 달려가게 한다.

### 제3항: 하나님께서 성도들을 지켜주심
성도들 안에 남아 있는 죄의 잔여들과 세상과 사탄의 유혹 때문에 회심한 사람들이라고 해서 그들 자신의 힘으로 이 은혜 가운데 계속해서 굳게 서 있을 수는 없다. 그러나 하나님께서는 미쁘신 분이시다. 자비롭게도 그들이 한 번 받은 은혜 가운데 있도록 그들을 굳세게 하시고, 그들을 그 은혜 안에서 끝까지 권능으로 지켜주신다.

## 제4항: 참 신자들도 심각한 죄에 빠질 수 있음

참 신자들을 은혜 안에서 굳세게 하고 지키시는 하나님의 권능은 육신의 힘보다 훨씬 우세하다. 그러나 회심한 사람들이 항상 하나님께 감동되고 인도받는 것은 아니다. 몇몇 특정한 상황 가운데서는 그들 자신의 잘못으로 하나님께서 은혜로 인도하시는 길 위에서 벗어나 육신의 정욕에 이끌리고, 굴복할 수도 있다. 그러므로 참 신자들은 시험에 들지 않도록 항상 깨어 기도해야 한다. 그렇지 않으면 그들은 육신과 세상과 사탄에 이끌려 죄를, 심지어 심각하고 너무도 끔찍한 죄를 저지를 수 있다. 또한 하나님의 공의로우신 허용으로 말미암아 참 신자들은 때때로 시험에 든다. 성경에 기록된 다윗, 베드로, 또 다른 여러 성도가 죄에 빠진 슬픈 사건들이 이 사실을 증언한다.

## 제5항: 그런 심각한 죄들의 결과

더군다나 참 신자들이 그런 극악무도한 죄를 짓는 것은 하나님을 크게 노하시게 하고, 죽음의 형벌을 받아 마땅한 것이며, 성령님을 근심하시게 하고, 믿음으로 행하지 못하게 막고, 양심에 치명적인 상처를 입히며, 때로 일시적으로 하나님의 은혜를 깨닫지 못하게 한다. 이런 일들은 그들이 진실하게 회개하여 의의 길로 돌아와 하나님께서 자애로운 당신의 얼굴을 그들에게 다시 비춰주실 때까지 계속된다.

## 제6항: 하나님께서 택하신 자들을 잃어버린 바 되게 내버려 두지 않으심

자비가 풍성하신 하나님께서는 자신의 불변하는 선택의 작정에 따라, 심지어 그들이 통탄할 만한 죄를 지었을 때도 그들에게서 하나님의 성령을 완전히 거두지 않으신다. 또한 그들이 은혜로 양자 된 것과 의롭다 하심 받은 은혜를 박탈당하거나, 사망에 이르게 하는 죄 또는 성령을 모독하는 죄를 짓거나, 하나님께 완전히 버림받거나, 그들 자신을 영원한 멸망 가운데 스스로 던져 넣을 정도로 타락하도록 내버려 두지 않으신다.

**제7항: 하나님께서 택하신 자들을 새롭게 하심으로 회개하게 하심**

왜냐하면, 먼저, 하나님께서는 성도들이 타락했을 때도 성도들을 중생하게 한 자신의 썩지 아니할 씨가 소멸하거나 제거되지 않도록 성도들 안에 보존하시기 때문이다. 두 번째로, 하나님께서는 자신의 말씀과 성령으로 확실히 그리고 효과적으로 그들을 새롭게 하심으로 그들이 회개하게 하셔서 그들이 지은 죄들을 진심 어린 마음으로 경건하게 슬퍼하게 하시기 때문이다. 또한 믿음과 상한 심령으로 중보자의 피 안에서 죄 용서를 구하고 받게 하시며, 화목하게 하신 하나님의 은혜를 다시 누리게 하시고, 믿음으로 하나님의 자비를 찬송하게 하시며, 그 때부터 더욱 두렵고 떨림으로 그들의 구원을 이루어 가게 하시기 때문이다.

**제8항: 택하신 자들을 지키시는 삼위일체 하나님의 은혜는 확실하고 변하지 않음**

따라서 성도들이 믿음과 은혜를 완전히 박탈당하지 않고, 파멸 속에 끝까지 남아 잃어버린 바 되지 않는 것은 그들 자신의 공로나 능력 때문이 아니요 오직 받을 자격 없는 자에게 베푸시는 하나님의 자비 때문이다. 성도들 자신을 생각하면 믿음과 은혜를 완전히 박탈당하고 파멸 속에 끝까지 남아 잃어버린 바 되는 일이 쉽게 일어날 수 있고 확실히 일어나겠지만, 하나님을 생각하면 그런 일은 결코 일어날 수가 없다. 하나님께서는 자신이 계획하신 것을 바꾸지 않으시며, 자신이 약속하신 것을 반드시 지키시며, 자신의 뜻에 따라 부르신 것을 취소하시지 않기 때문이다. 또 그리스도의 공로와 성도를 위해 하나님께 간구하심과 성도를 지키심이 파기될 수 없으며, 성령님의 인 치심이 무효가 되거나 소멸할 수 없기 때문이다.

**제9항: 견인의 확신**

신자들은 하나님께서 택하신 자들이 구원에 이르도록 그들을 지키시고 믿음 안에서 참 신자들로 견인하게 하심을 확신할 수 있고, 자신들의 믿음의 분량을 따라 실제로 확신하게 된다. 이 믿음으로 그들은 자신들이 교회의 참되고 살아 있는 지체로 항상 남아 있을 것과 자신들이 죄 용서와 영생을 받았음을 굳게 믿는다.

### 제10항: 이 확신의 근거

이 확신은 말씀에서 벗어나거나 무관한 어떤 사적인 계시에서 나오지 않는다. 이 확신은 우리를 위로하시기 위해 자신의 말씀에서 매우 풍성하게 계시하신 하나님의 약속을 믿는 믿음에서 일어난다. 또한 성령님께서 친히 우리의 영과 더불어 우리가 하나님의 자녀요 상속자인 것을 증언하시는 데서 온다(롬 8:16-17). 마지막으로 이 확신은 선한 양심과 선한 일을 진지하고 거룩한 마음으로 추구하는 데서 생겨난다. 만약 하나님께서 택하신 자들이 자신들이 승리할 것이라는 이 확고한 위로와 영원한 영광에 대한 확실한 보증을 이 세상에서 가지지 못한다면 그들을 모든 사람 중에 가장 불쌍한 사람이 될 것이다.

### 제11항: 견인의 확신을 항상 누리지는 못함

한편, 성경은 신자들이 이 세상에서 인간적인 온갖 의심과 싸워야 하며, 그들이 힘겨운 유혹을 받을 때는 그들의 믿음에 관한 충분한 확신과 견인의 확실성을 항상 누리지는 못한다고 증언한다. 그러나 모든 위로의 아버지이신 하나님께서는 성도들이 감당하지 못할 시험 당함을 허락하지 아니하시고 시험당할 즈음에 또한 피할 길을 내사 그들로 능히 감당하게 하신다(고전 10:13). 그리고 성령님께서는 그들 안에 견인의 확신을 회복해 주신다.

### 제12항: 경건을 장려하는 확신

그런데 견인을 확신하는 것은 참 신자를 교만하게 하거나 육적인 자기 과신에 빠지도록 만들지 않는다. 오히려 견인을 확신하는 것은 겸손, 자녀로서 하나님께 갖는 경외, 진실한 경건, 모든 다툼 중에서의 인내, 뜨거운 기도, 고난 가운데서도 진리를 고백함, 하나님 안에서 견고히 누리는 기쁨의 참 근원이 된다. 성경의 증거와 성도들의 예가 증언하는 것처럼, 견인하게 하시는 하나님의 은혜를 묵상하는 것은 성도들로 하여금 진지하게, 그리고 계속해서 하나님께 감사하게 하며 선한 일을 하도록 장려한다.

### 제13항: 이 확신은 신자들을 게으르게 하지 않음

견인을 새롭게 확신하는 것은 넘어졌다 다시 일으킴 받은 사람들을 부도덕하게 하거나 경건에 무관심하도록 만들지 않는다. 오히려 그들이 더욱 마음을 기울여 주님께서 미리 준비하신 주의 도를 주의 깊게 지키게 한다. 그리고 그들은 자신들의 견인을 계속 확신할 수 있도록 주의 도를 따른다. 또한 그들은 하나님의 자애로운 선하심을 오용함으로써 하나님께서 그분의 은혜로우신 얼굴(경건한 사람에게는 하나님의 얼굴을 바라보는 것이 생명보다 더 달콤하며, 하나님께서 자신의 얼굴을 가리시는 것이 죽음보다 더 쓰다)을 자신들에게서 돌리시고, 그 결과 자신들이 더 큰 영혼의 아픔을 겪지 않도록 한다.

### 제14항: 하나님께서 사용하시는 견인의 수단

하나님께서 복음 선포를 통해 우리 안에서 이 은혜의 일 시작하기를 기뻐하셨던 것처럼, 하나님께서는 또한 복음을 듣고 읽는 것, 복음을 묵상하는 것, 복음으로 권고하는 것, 경고, 약속, 그리고 성례의 시행으로 이 은혜의 일을 지키시고 계속하시며 완성하신다.

### 제15항: 사탄은 증오하고 교회는 사랑하는 견인 교리

하나님께서는 자신의 이름을 영화롭게 하시고 경건한 자들을 위로하시기 위해 참 신자와 성도의 견인, 견인에 대한 확신 교리를 자신의 말씀 안에 매우 풍성하게 계시하셨으며, 신자들의 마음에 새겨 주신다. 이 교리를 육신에 속한 자는 이해하지 못하고, 사탄은 증오하며, 세상은 조롱하고, 무지한 자들과 위선자들은 악용하며, 오류의 영은 공격한다. 반면에 그리스도의 신부는 이 교리를 값을 매길 수 없는 보물로 언제나 소중히 사랑하고 굳세게 옹호해왔다. 그리고 자신을 대적하는

---

자들이 세운 어떠한 계획도 가치 없게 하시고, 그들의 어떤 힘도 무력하게 만드시는 하나님께서는 그리스도의 신부가 계속해서 그렇게 행하도록 하실 것이다. 이 홀로 하나이신 하나님, 곧 성부, 성자, 성령께 존귀와 영광이 영원무궁하도록 있을지어다. 아멘.

지금까지 성도의 견인에 관한 참된 교리를 밝히 드러냈으므로, 총회는 다음의 오류들을 거부한다.

## 오류 1

**항론파의 주장**: 참 신자들의 견인은 선택의 결과가 아니며 그리스도의 죽으심으로 얻은 하나님의 선물도 아니다. 견인은 이른바 하나님의 "확정적인"선택과 의롭다 하심 이전에 사람이 자신의 자유의지로 성취해야만 하는 새 언약의 조건이다.

**성경에 따른 반론**: 성경은 참 신자의 견인이 선택을 따라 나오며, 그리스도의 죽으심과 부활하심과 간구하심의 공로로 택함 받은 자들에게 주어진다고 증언한다. "오직 택하심을 입은 자가 얻었고 그 남은 자들은 우둔하여졌느니라"(롬 11:7). 그리고 "자기 아들을 아끼지 아니하시고 우리 모든 사람을 위하여 내주신 이가 어찌 그 아들과 함께 모든 것을 우리에게 주시지 아니하겠느냐 누가 능히 하나님께서 택하신 자들을 고발하리요 의롭다 하신 이는 하나님이시니 누가 정죄하리요 죽으실 뿐 아니라 다시 살아나신 이는 그리스도 예수시니 그는 하나님 우편에 계신 자요 우리를 위하여 간구하시는 자시니라 누가 우리를 그리스도의 사랑에서 끊으리요"(롬 8:32-35).

## 오류 2

**항론파의 주장**: 하나님께서는 신자가 인내할 수 있도록 충분한 힘을 주시고, 만약 신자가 자신의 의무를 다한다면 신자에게 이 힘을 계속해서 주실 것이다. 그러나 믿음 안에서 인내하는 데 필요한 모든 것과 하나님께서 믿음을 지켜주시기 위해 사용하시는 모든 것이 다 갖추어졌

더라도, 여전히 신자가 인내할지 안 할지는 항상 그의 의지에 달려 있다.

**성경에 따른 반론**: 항론파의 이 주장은 명백하게 펠라기우스주의자들의 견해다. 이 견해는 사람들을 자유롭게 하려 하지만 실제로는 사람들이 하나님의 영광을 가로채도록 만든다. 이 견해는 복음의 일관된 가르침, 곧 사람이 자랑할 모든 근거를 그에게서 없애고 이 혜택에 관한 모든 찬송을 오직 하나님의 은혜에만 돌리는 가르침에 반대된다. 또한 이 견해는 사도의 증언과도 충돌한다. "주께서 너희를 우리 주 예수 그리스도의 날에 책망할 것이 없는 자로 끝까지 견고하게 하시리라"(고전 1:8).

### 오류 3

**항론파의 주장**: 참으로 중생한 신자들도 의롭다 하심을 받는 믿음만이 아니라 구원과 은혜를 완전히 그리고 확실히 잃을 수 있으며, 실제로 종종 이 모든 것을 다 잃고 영원히 멸망한다.

**성경에 따른 반론**: 항론파의 이 의견은 의롭다 하시고, 중생하게 하시고, 그리스도께서 끝까지 지켜주시는 은혜를 무효로 만들며, 사도 바울의 명백한 가르침과 모순된다. "우리가 아직 죄인 되었을 때에 그리스도께서 우리를 위하여 죽으심으로 하나님께서 우리에 대한 자기의 사랑을 확증하셨느니라 그러면 이제 우리가 그의 피로 말미암아 의롭다 하심을 받았으니 더욱 그로 말미암아 진노하심에서 구원을 받을 것이니"(롬 5:8-9). 또한 사도 요한의 증언과도 충돌한다. "하나님께로부터 난 자마다 죄를 짓지 아니하나니 이는 하나님의 씨가 그의 속에 거함이요 그도 범죄하지 못하는 것은 하나님께로부터 났음이라"(요일 3:9). 그리고 예수 그리스도의 가르침과도 반대된다. "내가 그들에게 영생을 주노니 영원히 멸망하지 아니할 것이요 또 그들을 내 손에서 빼앗을 자가 없느니라 그들을 주신 내 아버지는 만물보다 크시매 아무도 아버지 손에서 빼앗을 수 없느니라"(요 10:28-29).

## 오류 4

**항론파의 주장:** 참으로 중생한 신자들도 사망에 이르는 죄나 성령을 모독하는 죄를 지을 수 있다.

**성경에 따른 반론:** 사도 요한은 요한일서 5장 16-17절에서 사망에 이르는 죄를 지은 사람들을 언급한 후 그들을 위해서 기도하지 말라고 가르친 후 곧바로 다음과 같이 덧붙인다. "하나님께로부터 난 자는 다 범죄하지 아니하는 줄을 우리가 아노라 하나님께로부터 나신 자가 그를 지키시매 악한 자가 그를 만지지도 못하느니라"(요일 5:18).

## 오류 5

**항론파의 주장:** 특별한 계시가 없이는 이 세상에서 아무도 앞으로의 인내를 확신할 수 없다.

**성경에 따른 반론:** 저들의 이 가르침은 이 세상에서 참 신자들이 누리는 견고한 위로를 빼앗고 로마가톨릭교도의 의심을 교회 안으로 다시 들여온다. 그러나 성경은 신자의 확신은 어떤 특별하고 비상한 계시에서 오는 것이 아니라, 하나님의 자녀들만이 지니는 특유의 표지와 하나님의 변함없는 약속에서 나온다고 가르친다. 따라서 사도 바울은 특별히 이렇게 선포했다. "높음이나 깊음이나 다른 어떤 피조물이라도 우리를 우리 주 그리스도 예수 안에 있는 하나님의 사랑에서 끊을 수 없으리라"(롬 8:39). 사도 요한도 증언한다. "그의 계명을 지키는 자는 주 안에 거하고 주는 그의 안에 거하시나니 우리에게 주신 성령으로 말미암아 그가 우리 안에 거하시는 줄을 우리가 아느니라"(요일 3:24).

## 오류 6

**항론파의 주장:** 성도의 견인과 구원의 확신에 관한 교리는 바로 그 본성과 특성 때문에 육신의 마취제와 같으며, 경건과 미덕과 기도와 다른 거룩한 행함에 해롭다. 오히려 이와 반대로 성도의 견인과 구원의 확신을 의심하는 것이 잘하는 것이다.

**성경에 따른 반론:** 이 주장은 하나님의 은혜의 효과적인 활동과 우리

안에 거하시는 성령님의 일하심을 그들이 전혀 알지 못한다는 것을 보여준다. 그들이 이렇게 주장하는 것은 다음과 같은 사도 요한의 가르침을 부정한다. "사랑하는 자들아 우리가 지금은 하나님의 자녀라 장래에 어떻게 될지는 아직 나타나지 아니하였으나 그가 나타나시면 우리가 그와 같을 줄을 아는 것은 그의 참모습 그대로 볼 것이기 때문이니 주를 향하여 이 소망을 가진 자마다 그의 깨끗하심과 같이 자기를 깨끗하게 하느니라"(요일 3:2-3). 게다가 그들의 주장은 자신들의 견인과 구원을 확신했음에도 기도와 다른 경건한 일들을 꾸준히 행한, 구약과 신약 모두에서 나타나는 성도들의 예로도 반박된다.

## 오류 7

**항론파의 주장**: 단지 한때 믿는 사람들의 믿음과 의롭다 하심을 받고 구원받는 믿음은 다르지 않다. 다만 믿음이 지속되는 기간만 차이가 있을 뿐이다.

**성경에 따른 반론**: 그리스도께서는 친히 마태복음 13장 20절과 누가복음 8장 13절, 그리고 다른 여러 곳에서, 한때 믿는 자들과 참 신자들은 세 가지 면에서 다르다고 분명히 가르치신다. 그리스도께서는 한때 믿는 자들은 씨를 돌밭에 받지만 참 신자들은 씨를 좋은 땅에 받고, 한때 믿는 자들은 뿌리가 없지만 참 신자들은 뿌리를 견고히 내리며, 한때 믿는 자들은 열매가 없으나 참 신자들은 꾸준함과 인내를 가지고 다양한 방법으로 많은 열매를 맺는다고 가르치신다.

## 오류 8

**항론파의 주장**: 이전에 중생했던 은혜에서 떨어진 사람이 다시, 심지어 자주 중생하는 것은 결코 터무니없지 않다.

**성경에 따른 반론**: 저들의 이 주장은 우리를 중생하게 하는 하나님의 썩지 아니할 씨를 부인하며 사도 베드로의 증언과 충돌한다. "너희가 거듭난 것은 썩어질 씨로 된 것이 아니요 썩지 아니할 씨로 된 것이니"(벧전 1:23).

## 오류 9

**항론파의 주장:** 그리스도께서는 어디에서도 신자들이 믿음에서 떨어지지 않도록 그들의 인내를 위해 기도하시지 않았다.

**성경에 따른 반론:** 항론파의 이런 가르침은 그리스도께서 친히 하신 말씀과 모순된다. "그러나 내가 너를 위하여 네 믿음이 떨어지지 않기를 기도하였노니"(눅 22:32). 사도 요한도 그리스도께서 사도들을 위해 기도하셨을 뿐 아니라 사도들이 전한 복음을 듣고 믿게 될 모든 사람을 위해서도 기도하신다고 증언한다. "거룩하신 아버지여 내게 주신 아버지의 이름으로 그들을 보전하사"(요 17:11), "내가 비옵는 것은 그들을 세상에서 데려가시기를 위함이 아니요 다만 악에 빠지지 않게 보전하시기를 위함이니이다"(요 17:15), "내가 비옵는 것은 이 사람들만 위함이 아니요 또 그들의 말로 말미암아 나를 믿는 사람들도 위함이니"(요 17:20).

## 결론

이렇게 하여 총회는 네덜란드에서 논쟁되어 온 다섯 조항에 대한 정통 교리를 분명하고 간결하며 정직하게 설명하였을 뿐만 아니라 잠간 네덜란드 교회를 동요하게 한 오류들을 거부했다. 총회는 이 설명과 거부가 하나님의 말씀에 기초를 두고 있으며, 개혁교회들의 신앙고백에 일치하는 것으로 판결한다. 따라서 어떤 사람들이 다음과 같은 말들로 사람들을 설득하려 한 것은 매우 부적절하게 행동한 것이며, 모든 진리와 공평과 사랑을 거스른 것임이 분명히 드러난다.

• 예정과 예정에 관련된 개혁교회들의 교리는 바로 그 특성과 성향 때문에 사람들의 마음을 모든 경건함과 신앙에서 멀어지게 한다.

• 이 교리들은 육신과 마귀의 마취제이며 사탄의 근거지다. 사탄은 이

곳에 숨어서 모든 사람을 기다렸다가 많은 사람에게 해를 입히고, 많은 사람에게 절망과 자기 과신이라는 화살로 치명상을 입힌다.

- 이 교리들은 하나님을 죄의 조성자요, 불의한 폭군과 위선자로 만든다. 이 교리들은 스토아주의, 마니교, 방종주의, 이슬람교를 새로 꾸민 것에 불과하다.

- 이 교리들은 사람들을 육적인 자기 과신에 빠지게 한다. 왜냐하면 이 교리들은 택함 받은 사람들이 어떻게 살든 아무것도 그들의 구원을 빼앗을 수 없으며, 그래서 그들이 매우 극악한 죄를 지어도 안전하다고 믿게 하고, 택함 받지 못한 사람들은 그들이 성도에게 속한 모든 일을 진심으로 행한다 할지라도 아무 소용이 없다고 믿게 하기 때문이다.

- 이 교리들은 하나님께서 죄에 대한 어떤 고려도 없이, 순전히 그분의 임의적인 뜻으로 세상 대부분이 정죄 받도록 예정하시고 창조하셨다고 가르친다.

- 같은 방법으로 선택은 믿음과 선한 일의 근거와 원인이며, 유기는 불신앙과 불경건의 원인이다.

- 신자의 많은 어린 자녀가 아무런 죄도 없이 어머니의 가슴에서 잡아채어져 잔인하게 지옥으로 던져진다. 그래서 그리스도의 피도 그들이 교회에서 받은 세례나, 세례를 받을 때 드린 교회의 기도도 그들에게 아무런 소용이 없다.

이외에도 개혁교회들이 부인할 뿐만 아니라 심지어 온 마음으로 맹렬히 규탄하는 다른 많은 거짓 가르침들이 있다.

그러므로 우리 도르트 총회는 여기저기에서 들은 거짓 비방을 기초로 개혁교회들의 신앙을 판단하지 말도록 우리 주 예수 그리스도의 이름을 경건하게 부르는 모든 사람에게 엄명한다. 또한 몇몇 고대와 현대 교사들의 사적인 진술을 본래 의미와 다르게 종종 그릇되게 인용하거나 문맥에서 벗어나게 인용한 것으로 판단하지 말 것을 엄명한다. 신자들은 교회의 공적 신앙고백과 총회에 참석한 모든 회원이 만장일치로 결의한 정통 교리에 관한 이 설명을 근거로 판단할 것을 엄명한다.

또한, 총회는 거짓 비방자들에게, 그들이 그토록 많은 교회와 교회의 신앙고백을 거슬러 거짓으로 증언하고, 연약한 사람들의 양심을 괴롭히고, 참 신자들의 공동체 안에 많은 의심을 일으키려고 한 것에 대해 하나님께서 얼마나 무겁게 심판하실지에 대해 깊이 생각하고 헤아려 보라고 진심으로 경고한다.

마지막으로 우리 총회는 그리스도의 복음 안에 있는 동료 사역자들에게 그들이 하나님을 경외하는 마음과 경건한 태도로 학교와 교회에서 이 교리를 다룰 것을 간절히 권고한다. 복음 사역자들은 이 교리를 말하고 이 교리에 관하여 글을 쓸 때 하나님의 이름의 영광과 생명의 거룩함과 고통받는 영혼들의 위로를 추구해야 한다. 또 이 교리를 생각하고 말할 때는 믿음의 유추를 따라서 성경에 부합하도록 생각하고 말해야 한다. 그리고 복음 사역자들은 성경이 가르치는 참 의미의 테두리를 벗어나는 모든 표현을 삼가서, 파렴치한 궤변가들에게 그들이 개혁교회들의 교리를 조롱하거나 심지어 비방할 좋은 기회를 주지 말아야 한다.

성부 하나님의 오른편에 앉으시고 사람들에게 은사를 주시는 하나님의 아들 예수 그리스도께서 우리를 진리로 거룩하게 하시고, 오류를 범하는 사람들을 진리로 인도하시며, 건전한 교리를 비방하는 사람들의 입을 막아 주시고, 하나님의 말씀을 전하는 신실한 복음 사역자들에게 지혜와 분별의 영을 주셔서, 그들이 전하는 모든 말이 하나님께 영광이 되게 하시고, 그 말을 듣는 모든 사람을 세우는 일이 되게 하시기를 원하옵나이다. 아멘.